只要打開翻閱，成功就會跟著來！

不努力王國的成功法

10個故事改變你人生。
獻給搞錯努力方法的人，

川下和彥、たむらようこ

suncolor
三采文化

獻給搞錯「努力方法」的你

序

我從小就非常努力，但是卻看不到絲毫成就，註定是個失敗人生。學業不佳，運動也不行，工作也一事無成。每件事都是半途而廢，毫無成果。可是很諷刺地，不曉得為什麼從以前我的鬥志就比一般人強大，不管做任何事都比別人努力好幾倍，然而，最後的結果卻是屢戰屢敗。每一次，自己都被如此平庸無能的自己感到挫折不已。

這樣的我，生活也不會是一帆風順。空有滿腔熱血與衝勁，生活卻過得亂七八糟。一直在附和別人，跟著別人的屁股後面參加聚會，錢包總是空空如也。加上暴飲暴食，身材變得臃腫，滿身肥肉。為了掩蓋身材，老是穿寬鬆的衣服，看起來邋遢。儘管會想憑著天生異稟的幹勁告訴自己：「這次一定要成功！」再試著努力看看，但是不管再怎麼挑戰，結果還是一樣。最後不知從何時開始，心裡老是會冒出這句話：「我就是一個不管再怎麼努力也一事無成的人！」給自己貼上了「失敗者」的標籤。

不過，有一天我的人生開始大逆轉。某個偶然嘗試的方法讓我嚐到了些許甜頭，就在我不斷重複這個方法，嚐到小勝利果實的過程中，發現自己一點一滴在改變了。而且，我不再跟以前那樣只知一味努力，而是我真的都不需要努力，就能看到成果。

我的第一個挑戰是節流。一開始我的財務狀況是完全赤字，最後我成功做到可以一個月存款一萬日圓以上。於是，我再鼓起勇氣挑戰第二個減肥計畫，成功減了大約二十公斤，而且現在已經過了三年多，我還是維持這個體重數字，沒有再增胖。當身材慢慢緊實輕盈後，決定挑戰改變穿搭儀容的計畫。我把這個方法運用在工作上面，讓我每次簡報都成功。即使負責重要的企畫案，我也能拿出優異的成果，公司的事業版圖也日益擴大。現在依舊快速成長中。

只是，當我想分享這份喜悅，對身邊人提及此事，大家總是回我：「沒有付出努力，怎麼會有成果。」、「因為是你，就算不努力也能成功。」每個人都不相信我的話。會有這樣的反應也不是沒道理。因為我們自懂事以來，父母、老師、上司，乃至於四面八方遇到的人都是這樣告訴我們的：「想要有成果，就要努力才行！」於是，這句話就烙印在心中好幾千次，甚至好幾萬遍，早就成為根深蒂固的觀念了。

因此，我不斷在思考該怎麼做才能夠讓大家擺脫錯誤的思維，享受創造成果的喜悅，就算只是多一個人懂得這個道理，我也開心。然而，當我跟大家一樣處在相同環境，身處在現實世界裡，就會聽到有人對我說：「加油！」兩個字，看來要改變這個牢固的觀念並非易事。既然這樣，我想到了一個方法，我就牽起大家的手，想讓大家稍微離開一下日常的生活環境，看看跟平日不一樣的風景。

為了讓大家更容易融入另一個世界裡，我想編造一個故事，於是我拜訪了在第一線相當活躍的電視節目編劇たむらようこ小姐。如果能讓努力過卻無法事事如願的人相信這個好方法，並且願意嘗試的話，這個世界上的幸福人口應該會變多。我抱持這樣的信念，開始了與たむらようこ小姐合作的計畫。花了大約兩年的時間，在過程當中我們不斷地討論、重新編寫，直到兩人彼此都滿意為止，終於完成了這本書。

如果各位也能將從故事中獲得的啟示運用於自己的日常生活當中，一定能創造出成果吧！當你覺得不順遂時，請反覆閱讀本書，並慢慢修正你的方法。這麼做的話，不僅工作順利，減肥計畫、家事、學業，還有戀情，應該也會變順利。

我誠心祈願閱讀過本書的每個人都能懷抱著喜悅的心，等待成果出現。

川下和彥

二〇一八年、於橫濱

不努力王國的成功法

目錄

原宿的某個聚會

某個晴朗的週日晌午時分，從佇立在神宮森林裡的隱居式餐廳傳來陣陣男女交雜的笑聲。大約一個月前，亞梨紗透過SNS聯繫上了數年未見的大學研習社的同學日佳瑠，而有了想辦個小型同學會的念頭，打算邀請當時的好朋友與恩師出席。品嚐了美味佳餚，也聊了許多往事後，大家開始轉移話題，紛紛聊起每個人的近況。

首先開口的是大學時代參加橄欖球社的肌肉男帥哥雅人。

「大家都沒變呢，可是，我自從當了上班族，足足胖了二十公斤啊！每天要陪客戶應酬喝酒，雖然最後一直叮囑自己不能再吃了，還是點了一碗象徵聚會結束的拉麵，完全控制不了啊……」

雅人彎了彎身子，雙手抓著隆起臃腫的腹部贅肉大嘆一口氣。

「我啊，一定要重拾人魚線腹肌！恢復成最適合穿上T恤的零贅肉體格！」

學生時代的雅人每天都會到社團練球，練完球後即使已經筋疲力盡，還是會去學校的健身房做肌力訓練。當時的雅人真是充滿鋼鐵般的意志，現在看到他身材的改變，每個人都掩不住驚訝的表情。

「不、不，你們都想錯了，我根本不是意志堅強，而是當時的隊長很兇，只好嚴格督促自己。而且，當時我一心想成為正式選手，雖然熱衷社團活動，但因為沒有荒廢學業，雙親也就沒有反對。不過，當了上班族，只要有人相約聚餐，就無法拒絕。因為我本來就愛喝酒。唉，其實我根本是個意志薄弱的人啊！」

聽完雅人發牢騷，日佳瑠馬上接話。

「不是只有雅人意志薄弱，我也是意志薄弱的人。我的公司是外商企業，我立下目標，今年一定要一圓外派國外分公司的夢想，從年初就開始重拾英語課本，重新學習。可是，因為孩子還小，下班後去幼兒園接他回家，餵他吃飯，哄他睡覺時，發現自己早就累歪了，竟然躺在孩子身邊睡著了。真希望自己能有更多的體力。」

接下來，亞梨紗也跟著發牢騷。

「日佳瑠，你會那麼想也不無道理。我啊，也發願今年一定要存到錢。立了新年新希望，決定開始記帳，可是，記不到一星期就放棄了……」

在這場推心置腹知己好友的重逢聚會上，大家都毫無顧忌地展現自己最真的一面，且談笑風生。雖然每個人選擇的道路不同，但在那一刻氣氛是融洽的。

大家都為了達成個人目標而努力著。可是，大家也承認意志無法持久，全都中途而廢，很有挫折感。

最後恩師三津留老師發言了。

「聽了你們的話，看起來大家都很努力，卻還是不順遂，看不到成果吧？事情會變成這樣的結局，也是預料中事。其實，我教導過的學生當中能掌握成功和幸福的人，大家都有個共同點。換句話說，這個共同點就是抓住幸福的方法，這些成功的學生每個人都因為看了某個故事而獲得啟示，從此變得順遂。我想把這個故事送給已經出社會，日子過得戰戰兢兢的你們。」

「老師，願聞其詳，請您慢慢說！」

亞梨紗馬上這麼對老師說。

「我的學生們因為這個故事改變了對努力這件事的看法。一直以來都認為只要努力，哪天就會有回報，然而事實並非如此。但從這個故事他們**學到了不要蠻幹式地一味努**

力，選對努力方法，就算不努力也會有好成果的道理。於是，不論在私事方面或公事方面，每個人都能陸續達到目標。

因為這個故事看起來就像是各位小時候看過的繪本故事，一開始大家都瞧不起，還說這根本是在騙小孩子。

可是，最後大家都察覺到，其實**自己都跟拚命努力卻一事無成的故事主角一樣，原來是自己根深蒂固的迷思害得自己始終無法達成目標**。

故事主角遇到的十位個性不同的人物，每個人都教導主角不須努力就能創造成果的方法，那些已經成功的學生們雖然有被騙的感覺，但還是一點一滴地將這些方法融入自己的生活當中。

然後，改變發生了。

每個人一直以來都無法成功的事，比方說儲蓄、減肥、運動、工作等，陸續都有成果出現。

當改變開始出現時，大家還是一副不可置信的樣子。

而且，**每個人當自己有成果出現以後環顧四周，才發現每位成功人士多多少少都從這個故事得到了啟示，並且確實實踐**。

那些嚐到成功果實的學生們向身邊人提起這個故事時，也有人一開始是半信半疑，不過有確實挑戰這些方法的人陸續傳來達到目標的好消息。因為大家都能擺脫沉痾的觀念，才能嚐到甜美果實。

但也有人始終都不相信。透過意志力逼自己不要努力，這樣可能不會有成果出現。無法改變這個觀念的人就會跟以前一樣，每次都是堅持透過自我意志力來挑戰新事物，可能會因此不斷有挫折感。」

「老師，聽你這麼說，讓我的心好癢！好想知道那是個什麼樣的故事？」

日佳瑠探了探身子，開出第一槍。

「這個故事的名稱叫做《徒勞的努力》。」

徒勞的努力……。

或許一直以來自己的努力全都是徒勞的努力。

大家的表情混雜著不安與期待，看來完全被這個故事吸引了。
亞梨紗雙眸閃爍著光芒說：「聽起來好像很有趣！」
「老師，請您快說，想趕快知道這個好方法！」
雅人和日佳瑠好像已經等得不耐煩了，異口同聲地催促著。
三津留老師點頭道：「當然沒問題。」
「不過，故事有點長，大家有時間聽嗎？」
說完這句話，老師便開始說故事了。

故事

徒勞的努力

序章

每個人都像苦行僧般努力，卻還是一事無成的努力王國

這個世界上有個名叫「努力王國」的國家。

從國名就知道，這是一個所有國民都是努力家的國家。

清晨六點。各位聽聽，街道四周就傳來陣陣的鳥鳴聲。

時間一到，所有的鳥兒都一起鳴叫。

如果你是第一次造訪這個國家，看到這樣的景象一定嚇一跳吧？

這時候，請再仔細聆聽一下。

沒錯，所有的鳥兒確實一起鳴叫了。為什麼會如此整齊統一呢？

努力王國

因為，這聲音並不是真正的小鳥鳴叫聲，而是努力王國的國民在手機上所設定的鬧鐘響鈴。

早在很久以前，所有的鳥兒就飛離這個國家，在這裡根本沒有小鳥的存在。

即使鳥兒使盡全力用牠美麗的嗓音啼鳴，因為這個國家的人民每天都很忙碌，根本不會有人能靜下心來欣賞美妙的鳥叫聲。

不只大人沒心思傾聽，連小孩子也無暇欣賞。

而且對鳥兒來說，這個國家確實不是一個適合牠們居住的地方。

「實樹，已經六點了，加油，趕快起床。」

試著偷窺一下某戶人家的窗戶吧！

只見媽媽掀開還賴在床上的孩子棉被。

「嗯～」

孩子，也就是實樹，把棉被拉回來，想再回到溫馨甜蜜的睡夢中。

請大家先記住，實樹就是這本書的主角。

「喂，爸爸啊，昨天喝酒喝到很晚才睡，現在還不是努力讓自己早起啊！」

父親撐開滿是血絲的雙眼，瞪著實樹看。

實樹還是躲在被窩裡，當他聽到努力起床父親的聲音時，心裡這麼想。

「努力有帶來任何成果嗎？這半年裡爸爸都沒有休假，也沒帶家人去旅遊，整天喊著『這就是職場人生啊！最後放手一搏！』把全部心力全擺在負責的企畫案上面。結果一句『人事異動』，功勞不是就被別人搶走了嗎？虧我還天天幫他加油。」

爸爸昨天應該是喝悶酒吧？

實樹還是躲在被窩裡，腦袋瓜東想西想。

「媽媽每天都嚷嚷要努力減肥，努力減肥已成為他的口頭禪，還想兩三天不要吃飯，只吃菜，結果卻盛了滿滿的飯？」

餐桌上確實一早就擺好了盛滿飯的碗，碗裡的飯還冒著熱氣。

在這個國家不是只有實樹的雙親整天嘴裡說要努力，卻看不見成果，而是很多人都是這樣。

有人說要努力存錢，絕對不參加聚餐，也不安排旅行活動，但最後銀行的存款依舊是零。

有人辛苦準備會議資料，卻被上司責備：「你的準備方向完全錯誤」做白工。

有人辛苦打工存錢，買了禮物要告白，卻在告白前夕對方避不見面，不見蹤影。

有人認真做家事，也注重打扮，卻還是抓不到老公的心，因彼此感情漸行漸遠而終日煩惱。

有人很認真地找工作，卻找不到真正想做的事。

有人下定決心要好好整理東西，但是家裡卻從不整理。

有人拚命想完成工作，結果卻是工作量愈積愈多。

當實樹在思考時，窗外傳來努力高中田徑隊的歌聲，他們在練習跑步，剛好經過實樹的家。

♪加油、賣力跑、認真練習。努力絕對不會虧待你。

加油！用力跑吧！好好練習吧！只要練習，只要認真，只要努力，就能縮短抵達終點的時間！GO，加油，加油！♪

「吵死了！」

實樹躲在被窩裡，摀住耳朵。

「真的只要努力就能縮短抵達終點時間的話，那麼努力王國應該是每年的奧林匹克運動會的冠軍才對，可是事實上，努力王國的參賽成績慘不忍睹。每年都在預選賽落敗，從未擠進決賽。相對地，反而是不努力王國每年都囊括許多冠軍。『不努力』是不努力王國的守則，可是不僅在體育比賽方面屢創佳績，人民也很富有，幸福指數好像也是全世界第一。」

就在這個時候，媽媽毫不留情掀開實樹的棉被說。

「實樹！我現在叫你起床。我不記得自己曾養育出如此不努力的小孩。」

努力！
加油！

努力、努力、加油、加油、認真、認真、努力、努力……。

實樹的腦海裡響起努力的安可曲。

可是，不管在家裡或學校、補習班、朋友之間，有看到任何的努力成果嗎？

有誰能讓我見識一下努力的果實是啥模樣？

「我已經受夠了～～～」

實樹整個人跳起來，頭也不回地跑到外面。

他想了很多，最後還是對自己說要努力。

STAGE 1

總是穿同一套衣服的男子

實樹搭上了電車，車廂內搖搖晃晃地。

就像藍心團體（The Blue Hearts．日本的龐克搖滾樂團）的歌詞，赤腳飛奔，搭上列車。

不過，這裡的赤腳指的是實樹當下的心情，空空蕩蕩地，並不是真的赤腳，他有穿鞋子的。

而且，實樹只有拿起錢包塞在口袋裡，其他行李一件也沒帶。

兩手空空當然身體會覺得輕盈，但是身體越輕盈，內心恐懼感越加深。

由車廂窗口照進來的陽光溫暖了心房，但是未免太刺眼，讓眼睛幾乎張不開。

實樹心裡一下子覺得很感激，一下子又覺得很不幸，時間就這樣透過軌道的行進而流逝著。

車內廣播響起了，「下一站是不努力王國～不努力王國～」

實樹整個人像彈起來般，聽到廣播就站起來，站在車門口。

車窗前風景的流經速度漸漸緩慢，也看得更清晰。

然後電車停靠在一座平凡無奇的月台前。
車門發出噗咻的聲音打開了，實樹左看看，右看看，確定四周沒半個人影。
然後他雙腳一跳，下了車站在月台上。
因為如果旁邊有人，讓別人看見自己這樣用跳的下車，會覺得有點不好意思。

「這裡就是傳說中的不努力王國啊！」

實樹環顧一下四周，心裡頭有種冒險旅程即將展開的感覺，又覺得自己束手無策，不知該往哪裡走。

如果你也跟實樹一樣身處相同的環境，心裡一定也是這麼想的。

一個人來到只聽過國名的地方，都會猶豫不決下一步該怎麼做才好。

就算慶幸知道哪兒有美景可欣賞，也是因為事先從電視或雜誌得知情報的關係。

假設是毫無所知的外國人來到箱根的仙石原，他看過以後會有何感想呢？

他一定覺得不過就是一片杉樹林罷了。

如果是對達文西作品《蒙娜麗莎》一無所知的外星人來到羅浮宮參觀，那他會有何反應？

他一定覺得《蒙娜麗莎》這幅畫跟其他畫作沒兩樣，看一眼就走過去了，不會佇足欣賞吧？

我好像離題太多了。

嗶一聲，實樹通過剪票口，來到站前的轉運站，不自覺地停下了腳步。

「好多小鳥！」

沒錯，這個家的天空景觀跟努力王國截然不同，小鳥們可以自由自在地歌唱。

站前的板凳上也有人坐著彈吉他唱著歌，好像在跟小鳥比賽歌喉般。

如果是在努力王國，每個人走路時都還忙著看手機。

在這裡，行人會互相交談，或者就算只是一個人走在路上，也是開心的表情。

「總覺得哪不一樣，真的太不一樣了！」

實樹一直盯著眼前的景象瞧，根本無法轉移視線。

「為什麼大家看起來這麼開心呢？怎麼會如此歡樂呢？」

實樹依舊站在原地，一動也不動直盯著站前的景象。

站前的人潮有大人，也有小孩，有男有女，有胖子也有瘦子。

有的人頭髮濃密，有的人髮量稀疏，也有拄著拐杖的老爺爺。

每個人的腳步都很輕盈，感覺好像是輕跳著往前進。

「為什麼會這樣，怎麼會是這樣的光景，跟我的國家不一樣，簡直是天差地遠。

為什麼我們國家的人每個人都一直盯著手機看？

為什麼老是嚷嚷時間不夠用而焦慮，而且慾望高，什麼都想要。

好，我就在這裡好好研究一下。努力從這裡學點東西再回家吧……啊，好痛！」

當實樹自己一個人覺得開心時，不曉得被誰撞到了。

「啊，對不起！」

回頭一看，一位穿著黑色毛衣的眼鏡男一臉歉意地說。

「不好意思，我剛好在想事情。不過，你就這樣直挺挺地站在車站門口前，說真的，你擋到大家的路了。」

「我擋到大家的路……不好意思。」

這個人說話還真坦率。

「對了，你為什麼一個人一動也不動地站在這裡？」

「啊，那個，我是從努力王國來的。」

「你從努力王國來的？你是從那個大家把努力是好事奉為圭臬，像宗教教義般堅信不疑的努力王國來的？」

「是的，就是那個努力王國。」

「這裡可是信仰剛好相反的國家，這裡的人沒有人會做無謂的努力。這裡的人的想法一定跟你完全不一樣。如果覺得合不來，我勸你趕快回去你的國家比較好。你是為了什麼目的才來這裡的？」

「那個是因為～」

就在這時候，實樹的肚子突然咕嚕嚕叫著。

兩個人很尷尬地相視而笑。

「你好像肚子餓了。來我家吧！我請你吃午餐，有什麼話到時候再說。」

實樹這才想起來自己早餐沒吃，帶著藍色的憂鬱心情就衝出家門，現在肚子已經餓扁了。

「可是。」

實樹心裡想，萬一這位穿著黑色毛衣的男人是壞人，該怎麼辦？

既然下定決心要吸收新的價值觀，如果因此讓自己捲入犯罪的事件中，那真的太難堪了。

雖然離家出走，當然也打算能夠平安回到家。

「謝謝你的好意，不過父母教導我，去陌生人家裡很危險。」

實樹小心翼翼地拒絕對方的邀約，穿著黑色毛衣的男子笑著說：「你竟然當著本人的面這麼說。」

然後他告訴實樹：「我跟家人同住，你可以跟我到家門前，先觀察一下，想進來的話，非常歡迎。」

抵達男子的家，他的太太和孩子們都出來迎接。

而且，從他的家傳來聞起來很美味的烤麵包香氣。

實樹決定造訪他的家。

是因為肚子實在太餓的關係嗎？

原本想說「打擾了！」，後來換成「我進去了！」然後就鑽進門裡。

關於黑毛衣男子家的介紹不需要大篇幅描述，大概描述即可。

黑色毛衣男子的家在公園旁邊三層樓公寓的三樓。

穿過客廳，前方有片大窗，可以看見洗好的衣服就掛在藍空下，隨風招展。

在男子的盛情招待下，實樹坐了下來，不自覺的開始環顧四周。

一陣微風吹了進來，非常舒服。

烤麵包的香氣讓人聞了心情也跟著愉悅。

實樹再看了一眼陽台，這一次他發現到一件事。

晾在陽台的衣服清一色是黑色毛衣和牛仔褲。

不論是大人的衣服或是可愛的小孩衣服，全部統一是黑色毛衣和牛仔褲。

黑色毛衣和牛仔褲全部排列整齊地晾在陽台。

這時候實樹突然轉移視線，發現在他眼前的黑色毛衣男子正是黑色毛衣與牛仔褲的穿搭。

他的太太也是黑色毛衣搭配牛仔褲。

還有孩子們也是黑色毛衣搭牛仔褲。

若用現代流行語來形容，這應該就是所謂的「家族裝」。

「不好意思，請問為什麼今天大家都是相同的穿搭？」

實樹忍不住發問了。

「不是只有今天而已，我們每天都是這麼穿。」

黑色毛衣男子邊說邊展示身上的衣服。

「不是只有我這麼穿，我的家人也是這麼穿。你看，是不是呢？」

男人帶實樹參觀其他房間，並打開衣櫥給他看。

衣櫥裡全部都是黑色毛衣和牛仔褲。

看到眼前景象，實樹想起漫畫《天才少爺》（作者小林善紀，日本原文《御坊茶魔君》）裡的一個情節。

主角御坊茶魔是大財閥的兒子，卻每天都穿一樣的衣服。

他的朋友覺得很奇怪，所以就問他。

朋友問茶魔專用的大型衣帽間裡是不是擺著三千件相同款式的衣服？

「為什麼都是相同款式的衣服？」

聽實樹這麼問，黑色毛衣男子一臉得意地回答。

「我們人啊，一天裡真正能夠集中精神做出決定的次數只有十次機會。」

「十次機會？」

實樹完全聽不懂他在說什麼，一臉茫然。

「我換個方式說好了，當我們『下定決心』要做這個，要做那個的『決定卡』，一天裡只有十張卡的額度而已。」

「有這種事？」

「你有沒有聽過古老傳說故事《三張護身符》？這是描述被山姥姥追趕的小和尚利用三張護身符成功逃過一劫的故事。就跟這個故事一樣，我們每天真正能自己做出決定的機會只有十次。」

原來如此，如果他說的話是真的，在我的祖國、努力王國又會是什麼樣的情況呢？

黑色毛衣男子又繼續說道。

「因此，為了把心力留給真正必須做出決定的事，對於不需要做出決定的事情，我全部採自動化作業。就像早上要穿什麼衣服出門這種小事，我完全不想浪費一張重要的決定卡。」

聽他這麼一說，美國前總統歐巴馬（Barack Obama）只穿灰色或藍色西裝，在當時也蔚為美談。

1
2
3
4
5
6
7
8
9
10

蘋果公司創辦人賈伯斯（Steve Jobs）也一貫是黑色套頭上衣搭牛仔褲的穿搭。

臉書創辦人佐伯格（Mark Zuckerberg）也是灰色T恤搭配黑色連帽外套的風格。

愛因斯坦是不是也有好幾件相同款式的西裝呢？

啊，難道這就是三張卡片理論？跟日本的古老民間傳說是一樣的道理？

這時候，一樣也穿著黑色毛衣的太太插話了。

「早餐該吃什麼好呢？我們一致認為不需要把決定卡片浪費在這種小事上。」

聽太太這麼一說，實樹若有所思。

每天早上起床時，媽媽都會問：「早餐要吃麵包？還是吃飯？」聽到媽媽這麼問，心裡就覺得一陣煩。現在才知道，媽媽其實是因為自己做不了決定，才會問我。

不過老實說，早餐吃麵包或吃飯，實樹都覺得無所謂，吃什麼都好。

他現在心裡不禁有此疑問，媽媽該不會是因為覺得做決定很麻煩，就將決定權轉移給自己。

黑色毛衣太太又繼續說道。

「所以呢，我們家早餐就固定為飯加味噌湯、煎蛋、醬菜的菜色。至於午餐呢，已經做好擺在餐桌上了。」

烤好的牛角麵包已經整齊地擺在餐桌上。

剛出爐的麵包香和烤的酥脆的貝果香氣刺激著食慾，讓人食指大動。

「午餐就固定為牛角麵包、貝果和馬鈴薯沙拉，再加一道湯品。

菜色決定好後，採買也會變得輕鬆，每週固定在週六時製作牛角麵包麵糰，然後冷凍保存，要吃時拿出來烤就好了。至於晚餐的菜色，則是當天再想，這也算是每天的樂事之一，會讓人有期待感。」

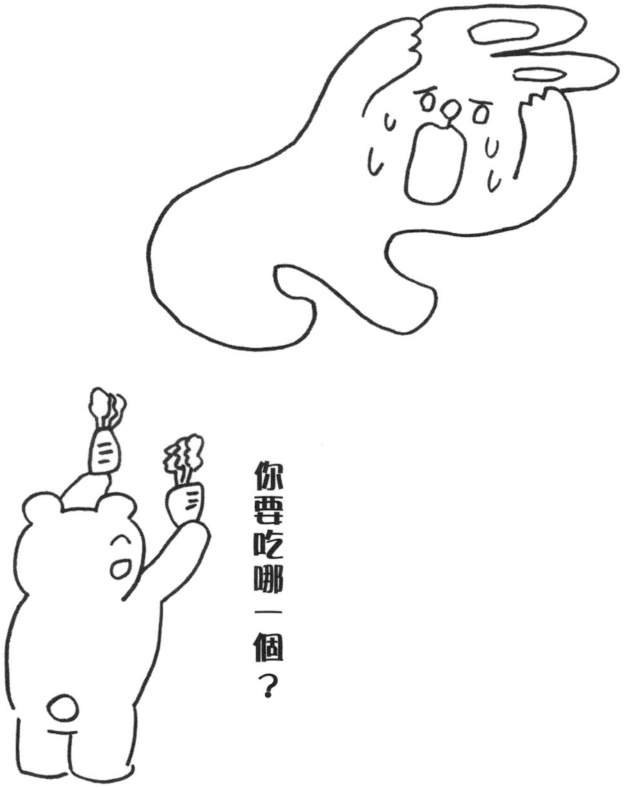
你要吃哪一個？

黑毛衣太太站在冒著熱氣的湯品前，滿意地笑著。

「可是，」

實樹還是忍不住想問。

「你們不覺得這樣的生活很無趣嗎？每天穿相同的衣服，也每天吃同樣的食物，我實在有點想不通，怎麼能夠安於這種固定的生活模式呢？」

「你竟然當著本人的面這麼說。」

黑毛衣男子又說了在車站前一樣的話。

「對不起。」

「沒關係，沒關係。因為我認為十張決定卡的使用方法等於反映了當事者的人生。愛漂亮的人，可以把這十張卡片用在追求美麗的事物上。喜愛美食的人，就可以用在與吃有關的事物上。我是雜誌社的副總編輯，我想把這十張決定卡用在決定與製作什麼樣的企畫單元或特集上面。所以就會自動地不想將這十張卡片用在服裝穿搭或三餐該吃什麼的事情上。」

「可是，」

聽他這麼說，實樹想問的事情更多了。

「你說每天會用到十張決定卡，但其實不是真的只用到十張吧？在努力王國，大家都一直在使用決定卡，譬如早餐要吃什麼？脫下的睡衣要洗嗎？衣服應該擺在哪裡？要穿哪件衣服？穿哪雙鞋子？要提早幾分鐘出門才趕得上電車？整天從早到晚都一直在做決定。」

黑色毛衣家族彼此互看一眼，然後「呵呵呵」地笑了。

「這樣不是很累人嗎？」

黑色毛衣男子問實樹。

「從早到晚要做這麼多芝麻小事的決定，當你回顧這一天時，不會覺得很累嗎？還有，我們每天下定決心要做這件事的堅定意志有多少次呢？就如我所言，我們總是把這十張決定卡撕開，分散用於微不足道的小事上。當決定卡越撕越小，不就代表須為這件事花時間下決定的價值越低嗎？」

「你的意思是說，努力王國的人都被下決定這件事搞得筋疲力盡？」
實樹說了句「開動了」，就拿起桌上的牛角麵包吃。
對肚子餓扁的實樹來說，這個牛角麵包真是太美味了。
這種時候，一定會覺得給你食物吃的人說的話都是對的。
「我們人啊，吱吱磨磨（注：形容咀嚼食物發出的聲音），花費太多心思，吱吱磨磨，在做決定上面，把自己搞得很累，吱吱磨磨。」
「是啊，你說對了，吱吱磨磨。有個電視節目叫《上班族的午餐》，你們國家有播映嗎？吱吱磨磨。」
「啊，有，吱吱磨磨。」
「那個節目，吱吱磨磨，有個名為《那個人也吃了午餐》的單元，介紹已經過世的偉人的午餐內容。」
「我知道，我喜歡這個單元，吱吱磨磨。」
「吱吱磨磨，看了那個單元後，我發現那些有所成就的人啊，吱吱磨磨，大家都去同一間店，吃相同的食物，吱吱磨磨。決定卡還是應該用在跟自己工作有關的事情上，吱吱磨磨，比較好吧？」

「你這麼說也沒錯，吱吱磨磨。太太，這個真好吃。」

「那個馬鈴薯沙拉食譜是跟笠原老師學的，他在節目《媽媽、孩子一起來》中有做過，我就學起來了，吱吱磨磨。」

STAGE 2

一直在玩遊戲的男子

實樹說了一聲「謝謝招待！」，就離開這個黑衣家族的家。

他走下公寓樓梯，快到一樓的時候，好像聽到有人在說話的聲音。

「我才剛買而已，不需要！」

他剛好看到推銷員被拒絕在門外的尷尬場面。

這時他心裡想：「挨家挨戶推銷商品的業務真是辛苦的工作啊～」但是他也無能為力，只能默默看著眼前的一切。

後來發生什麼事，你們知道嗎？一樓人家的門才剛關上，那位推銷員就做了讓人嚇一跳的舉動。

「（太棒了～～～）」

他振臂握拳，小聲歡呼著。

看起來就像在市民馬拉松賽贏得冠軍的跑者那樣地開心。

可是，他明明被拒絕了，為什麼還如此開心？

我拿了
100分

實樹覺得這個人很奇怪，就一直看著他，突然對方也看著他，兩人四目相視。丟臉死了，超級尷尬。

「你是不是在想，這傢伙怎麼被人拒絕了還這麼開心？」

「啊，是。」

「你是否在想，這個人該不會被拒絕太多次，腦袋有點問題了吧？」

「什麼？是。」

「這時候不該回答是，因為事情不是你想的那樣。」

「對不起。」

「是不是覺得有點失禮呢？」

這位銷售員真是咄咄逼人。

故事進展到這裡，實樹該不會遇到了冒險之旅的第一個難關吧？

「一直站在別人的家門前聊天也算失禮。我們去那邊坐好嗎？」

推銷員帶著實樹來到公寓前面的公園板凳。

陽光雖然依舊溫暖，但已經是午後時光。

「我今天的晚餐是壽司。」

推銷員坐在板凳上，開始自言自語。

「壽司……晚餐是壽司嗎？」

實樹完全摸不著頭腦，只能順著他的話再複誦提問。

人在搞不清楚的時候，很自然地會把對方的話再複誦一次。

有一次實樹偷瞄努力王國的父親認真閱讀的書，剛好看到了這句話。

「對了，我是個業務員，我在賣豆腐。」

「賣豆腐？」

這位推銷員穿著襯衫，手上拿著一只公事包。

一點都不像是在賣豆腐的推銷員。

「來，給你看。」

推銷員似乎察覺到實樹內心的疑惑，便打開公事包給他看。

就如他所言，公事包裡裝滿了就要溢出的水，豆腐整齊地躺在水中。

「我跟你說啊，以後的時代創造驚奇是一項重要的能力。如果不做一些讓人出其不意、與眾不同的事，想憑固有的紅海戰術贏得勝利不是很辛苦嗎？還有，你知道嗎？如果還繼續這樣糊里糊塗地過日子，十年後工作都要被AI人工智能取代了。」

這位推銷員真是滿口的「專業」術語。

不過，真的也有人提著公事包，挨家挨戶推銷豆腐嗎？算了，就算沒有這樣的人，也一定有其理由吧！

推銷員又繼續說。

「我以前很討厭業務工作。覺得這種工作很無趣。

每天重複做相同的事，真的很煩。如果被拒絕，心情更是不好。

總覺得自己的人格被否定了。努力卻得不到回報，不是很枉然？」

「確實會讓人覺得枉然。」

「然後呢，因為工作太無聊了，就一直逃避，整天只打電玩。

窩在家裡也是打電玩，上下班搭電車時也打電玩，只要有一點空檔，就算是上班時間還是打電玩。我因為是對外推銷員，不會有人盯著我，還不卯起來打電玩嗎？」

「是啊，真的會卯起來打。」

「身邊的人也經常唸我。說我已經是大人了，還一天到晚打電玩，不覺得難為情嗎？真是虛度光陰啊，浪費青春，浪費生命啊！」

「浪費生命啊……」

「常常有人這樣說我。可是呢，我就是戒不掉打電玩這個習慣。」

「電玩只要一沉迷，就戒不掉了。」

「你也這麼認為吧？可是，不能一直這樣下去？不能這樣吧？我會如此沉迷於電玩，是因為電玩對我而言是具有意義的。我相信自己，相信熱愛電玩的自己。」

「你相信你自己？」

「所以，我才會繼續打電玩。早上、中午、晚上都打。然後有一天我突然領悟到一件事。」

「領悟到一件事？什麼事啊？」

「我領悟到了，原來人生就是遊戲。人生就是遊戲一場！」

「啊，你是說那個電玩嗎？」

「不是那個啦！」

「不好意思。」

「你知道嗎？人生就是一場遊戲。我認為人生所有的事都是遊戲。人生根本沒有所謂痛苦的事。」

「？」

「就舉我為例好了，你看我，正在玩推銷被拒絕的遊戲。」

推銷員把手機裡的計數**APP**秀給實樹看。

「我訂了這樣的規則，被拒絕一千次的時候，那天的晚餐就吃壽司。」

「啊，那麼剛剛你吃了壽司。」

「沒錯，剛才正好被拒絕第一千次。今天晚上就好好犒賞自己吃壽司了。今天早上起床時，被拒絕的次數滿九百九十次，所以我一早就覺得很興奮，我想我今天一定能達到目標。」

人生是~~壽司~~遊戲

看來他今天好像也被拒絕十次了，不過，暫時不要碰觸這個話題。

「挨家挨戶推銷商品也是一場遊戲。你看這個APP，如果一天走三萬步的話，就會升級呢！」

「可以升級，很好啊！」

「在我領悟到人生就是一場遊戲的道理之前，總是覺得工作和人生都是非常無趣。不過，我現在已經有所領悟了。人生就是一場遊戲。」

「那個電玩嗎？」

「我不是跟你說不是那個。」

「對不起。」

「購物也是一場遊戲。進入超市後，將購物籃擺在推車上，接下來要花多少時間採買，才能到櫃檯結帳，整個過程不就像是一場遊戲嗎？」

「確實像在玩遊戲。」

「好比像我們在準備升學考試時，將歷史年號和歷史事件整理成一張圖表，也算是一種遊戲。」

「這個道理也適用於升學考試。」

「還有，背誦、記東西也全是在遊戲。我聽說有人抱著這樣的心態準備考試，成功考上東大呢！大家都說努力無法長久，我想換個方式來詮釋這句話，那就是當你認為全神貫注於某件事就是努力的時候，這就是真正的努力。」

「認為全神貫注於某件事就是努力的時候，這就是真正的努力……」

這句話聽起來頗有名言風，讓人無法加以反駁，不過，如果把所有的事都想成是遊戲，確實會快樂許多。

「尤其是電玩迷，如果把身邊的事物都想成遊戲的話，就算是多麼辛苦的事，也會充滿熱情地做下去。你想想看，和尚在修行不就像是一場能夠累積多少功德分數的人生遊戲嗎？啊，時間到了。」

推銷員突然站起身，向前走去。

「我要完成每隔一小時就要拜訪一位客戶的任務，我該走了。」

人生就是遊戲。

在實樹眼中，至少看得出來這位推銷員的人生就是一場快樂的遊戲。

「人生遊戲化的話，有時也可以把肉眼看不到的成果換算成分數累積吧？」

突然實樹的眼前模模糊糊浮現出努力王國及家人臉龐。

「唉，爸爸不是老想要提起精神努力看書，卻總是無法持續專注呢？如果把看書當成在玩遊戲，在玩的過程中從書裡找到十個『福』字，『好運就會降臨』的遊戲，不就能夠輕鬆閱讀，也可以開心地持續閱讀嗎？不過，爸爸沒看的書實在太多了。」

這時，實樹又想到另一件事。

「還有，只是一方一直在重複對方的話說，這樣的對話根本稱不上是交談。」

無法集中精神嗎？

STAGE 3

只要跟美女擦肩而過就開始做伏地挺身的男子

推銷員離去後，留實樹一個人坐在公園裡，他看著來往的人群。

「這個國家的人真的都不會勉強自己努力，看起來都很開心的樣子。」

總覺得自己好像置身上在一個耀眼光明的慢活世界裡。

然而，就在這時候。

經過眼前的男人突然筆直往前倒下。

「怎麼回事？」

「呼、呼、呼！」

這名男子呼吸變喘，難道突然生病了？

不對，不對，根本不須驚慌。原來這名男子突然做起伏地挺身。

「呼、四下，呼、五下，呼、六下。」

不管怎麼看，都覺得這名男子是在硬拚。實樹突然想到一件事。

「奇怪了，這裡不是不努力王國嗎？」

因為眼前景象完全不符合這個國家的氛圍，實樹打算裝作沒看見，準備離開。

其實不是只有實樹會這麼想，人們對於不合情理的事，都會有想閃避的心理。

結果，正在做伏地挺身的男子叫住了實樹：「呼，等一下，你別走，呼、四十五下，呼、等一下，別走，呼，我有話要跟你說。」

既然被盯上了，就沒辦法一走了之，實樹只好站在原地看他做伏地挺身。

「呼、九十八下，呼、九十九下，呼、一百下！」

這名男子做完一百下伏地挺身後，好像沒事般地站起來。

「嗨，你好。」

伏地挺身男對著實樹伸出右手。

實樹心裡想，這是你剛剛一直碰觸地面的手啊，但還是伸出手跟他握了一下手。

「不好意思，嚇到你了，你是旅客嗎？」

「是的，我初次到貴國。不過，你怎麼知道我是旅客？」

「總覺得你渾身上下散發著努力的氛圍。」

伏地挺身男突然冒出這句話，然後像在安撫人般地輕敲實樹的肩膀。

當下實樹是這麼想的，他該不會把我的衣服當成毛巾在擦拭他剛剛碰觸地面的那隻手吧？

「還有，我為什麼會突然開始做伏地挺身呢？」

實樹雖然沒有想要問他這個問題，但是對方這麼說，他也很自然地點點頭說了

「啊，是啊！」

「我規定自己，只要跟美女擦肩而過，就要做伏地挺身。」

「你是說美女嗎？」

「剛剛不是有一位穿著白色罩衫的美女經過嗎？」

「我沒看到。」

「你沒看到？算了，總之我規定自己每天都要做伏地挺身。」

「你不要在大馬路上做，去健身房做不是比較好。」

「去健身房的話，我會無法持之以恆。你想想看，世上真的有這樣的人。明明繳錢成了健身房會員，卻沒有去運動。儘管在心裡督促自己要去運動，也知道非去不可，不

然就白花錢了，但最後還是不能去。」

這時候實樹的腦海裡浮現出父親的臉。

「那是因為要去健身房運動的話，該做的步驟太多的緣故。

①早晨起床、②換上外出服、③洗臉、④刷牙、⑤準備攜帶物品、⑥穿上鞋子，終於可以出門了，到了健身房後，⑦辦理入館手續、⑧脫下鞋子置於置物櫃、⑨或者換上運動服、⑩移動到運動儀器區，要經過這麼多程序才終於可以做伏地挺身。想要運動卻要歷經十個程序，你不覺得太麻煩了嗎？」

「的確很麻煩。」

「如果想持之以恆，重點就是要減少步驟。也就是要簡單化！

舉學校作業為例，不要一題一題做，如果把課本打開到該做的頁數，就這樣把課本擺在桌子上，隔天早上不是很自然就會自己坐在桌子前完成嗎？這是英國某位知名學者提倡的方法，他自己好像也這樣身體力行。再說洗衣服好了，衣服掛在衣架晾乾後，就這樣直接收進衣櫥裡，不是更省事嗎？還有整理文件的話，不要一份份分別歸檔，這樣會永遠收納不完。直接將文件收進文件夾裡，很快就能整理好。步驟或程序越多，越無法持之以恆。這個道理連小學生都知道。」

「你說的沒錯。」

「所以，我決定只要把身體倒下去就好，利用自己的重量來鍛練身體！」

「也就是不靠任何運動器材做伏地挺身。」

「是的，只要倒下身體就可以運動，還需要去健身房嗎？」

「這個嘛，我懂你想表達的東西。雖然能體會你的用意，但有件事難以啟齒。想做伏地挺身的話，大可不必在大馬路上做。」

突然伏地挺身男露出一臉得意的表情，這表情似乎在說，早知道你會問這個問題。

「因為我需要啟動的開關。」

「啟動的開關。」

「是的，就是所謂的條件反射。好似當鐘聲響起，就是午休時間到了；看完節目《海螺小姐》，也就表示週日結束了。我要為自己裝上啟動開關。譬如看到美女啊？我做伏地挺身並不是為了想讓自己紅。我是想鍛練身體，成為精瘦的肌肉男！所以決定利用這份心意來督促自己。啊，又有美女走過來了。好了，我要開始做了，雖然剛剛才做過而已。」

突然伏地挺身男又把身體倒下去，開始做伏地挺身。

「呼、一下，呼、兩下，呼、三下。」

伏地挺身男說了這麼多，他還是不懂。

「如果是就算看見美女，也不想成為精瘦肌肉男的人該怎麼做才好呢？」

突然伏地挺身男繼續做著伏地挺身，一臉得意地說。

「呼、十一下，那個啊，呼、十二下，啟動自我，呼。」

我想各位也一定看的很煩，如果省略「呼、十二下」幾個字，意思如下。

「所謂的人生，就是要找出啟動自我的開關。

任何一種開關都行，不管你是想成為深受異性歡迎的人，還是想成為有錢人或名人，任何理由都沒問題。

重點就是要找出讓你充滿鬥志的開關。減少步驟或程序，讓行動變簡單。只要掌握這兩個重點，接下來就算不努力，你也能輕易自我操控一切。」

不須努力，也能輕易自我操控一切！實樹覺得自己聽到了一句很棒的箴言。

STAGE 4

有著一口潔白牙齒的帆船男

實樹走出了公園，繼續往前行。
還是一樣漫無目的，不過，四周吹著讓人神清氣爽的風。
風輕拂著臉，感覺很舒暢，以前曾經有過像這樣只是一味想迎著風前進的感覺嗎？
嗯，好像不曾有過這樣的經驗吧？
實樹就這樣迎著風前進，走到小巷的盡頭，來到了港口。
「哇，好久沒看海了～」
實樹深呼吸一下，吸聞海風的氣味，看到遠方有艘船正朝港口駛來。
「？」
覺得那艘船好像是直接朝著自己的方向駛來，頓時覺得不妙。
實樹想換個地方，於是朝左邊走去。
可是，那艘船還是朝自己方向而來，實樹被盯上了。
實樹繼續朝左邊跑，那艘船的船頭還是朝著實樹的方向前進。
「這是怎麼回事？」

就在實樹慌張不知所措時，船駛近實樹身邊，並在他面前停下來。是一艘帆船。

「嗨！」

一位全身曬成古銅膚色，有著一口閃亮潔白牙齒的大叔從帆船走出來。覺得這位大叔很像某人，感覺就像是假日的聖誕老公公。

「你是從努力王國來的吧？」

「怎麼一開口就這麼問？你怎麼會知道我是從努力王國來的？」

「我看你的肩膀壓力很大，真可憐。」

「你連這個也看得出來？」

「我當然看得出來。雙肩承擔壓力生活的人都會一臉倦態。叔叔我就教你不用努力的方法吧！」

「這麼快就進入正題了！」

「有句話說，任何事都是大人的事。現在的情況應該說是在賣弄文字。」

「我從沒聽過這句話。」

一口白牙的帆船男站到甲板上，一隻腳抬高至船的邊緣，擺出超酷的姿勢。

他的手當然是抵著下巴。

「那麼，讓我來教你不用努力也能存活的方法。」

「那就拜託您了。」

「絕對不要使盡吃奶的力氣往前衝。」

一口白牙的帆船男一臉肯定地說。

可是，實樹完全聽不懂話中含意。

「這是什麼意思？」

「所以呢！」

一口白牙帆船男將臉轉向實樹，正對著實樹開始說明了。

「我用東西來比喻說明吧！如果拿船來比喻，努力要付出的精力與心力，就好比是船的引擎。引擎沒有汽油就不會發動吧？如果把船換成帆船，又是什麼情況呢？帆船只要有風，哪裡都能去。」

「可是，沒有風的話怎麼辦？」

「那就休息啊！」

「可以休息嗎？」

「啊，當然沒問題。一味努力，絕對無法抵達終點。

我再比喻說明好了。假設你要從這個港口航向紐約。

這是個很遠大的目標呢！你的船裝滿象徵鬥志的汽油，準備離港出航。剛開始前進的很快，也很順利。可是，萬一鬥志（汽油）用盡，船就會停在海中央。這就是使盡吃奶的力氣往前衝的下場。這樣你懂了嗎？」

「你這麼解釋好像有點懂了。」

「不過，如果是帆船，又是怎樣的情形呢？帆船本來就不需要裝滿象徵鬥志的汽油。只要立下到紐約的這個目標，以及有可以乘風飛揚的船帆即可。

有風的日子就出航前進，無風的日子就休息。當風吹來再前進。

這樣的話，總有一天能抵達遠大的終點吧？」

「可是，吃的東西怎麼辦呢？」

竟然有人會問如此細微的問題？事先囤滿食物就好了。

中途總會停靠港口吧？靠港再補充食物不就得了。」

「嗯，您說的沒錯。帆船的前進動力是風，您會用什麼來比喻風力？」

「時間。相較於仰賴象徵鬥志的汽油為前進動力，結果有一天會使用殆盡的情況，把象徵時間的風力當成動力前進，更能穩固地慢慢朝目標前進。這就是叔叔想跟你說的道理。」

我現在要休息了。

「為什麼鬥志的前提條件就是一定會有用盡的時候？」

「你可以解析一下努力這個行為的過程，一聽到努力兩個字，就會覺得身體好像背負某種重責大任，要付諸行動必須抬起這個沉重的身體，這時候心裡的感覺不是多少會夾帶著些許不悅或不甘願呢？

抱持著不甘願的心情朝目標前進，我認為這樣很不尊重目標。」

「這樣會不尊重目標嗎？我從未想過竟然還有這種事～」

實樹雙手交叉，慢慢地往前走。

「當我想要振奮精神努力的時候，確實會覺得有點不悅或不甘願，有時候也會覺得太勉強自己了。相較於有意識的『起而行』，抱著隨意的態度『起而行』的人，好像比較容易成功呢！好比每天早上刷牙的習慣，不需要特別努力，也可以持續每天做，不是嗎？如果能夠無意識地單純行動的話，就可以不努力也能成功吧？不對，等一下，要培養出這種無意識的心態很難呢！

因為我不懂箇中祕訣。」

實樹一邊自言自語，再走回大馬路上。

這位一口白牙的大叔依舊站在船上，擺出帥酷的姿勢任風吹拂。

實樹想得太入神了，連「謝謝」也忘了說。

到底該如何做才能無意識地付諸行動，朝著目標前進呢？

大叔看著實樹認真思考的模樣，覺得有點開心，雖然依舊保持原有的帥酷姿勢，嘴裡忍不住「哈」了一聲，露出淡淡的笑容。

可是，這個世上卻沒有人有察覺到這位大叔的帥勁。

好可怕的樣子
哈

STAGE 5

學習英語的蛋糕店

實樹到底走了多少路呢？

當吹來的風聞不到海水味時，取而代之的是一股甘甜香氣。

實樹停下腳步，站在某間店鋪前。這間店的招牌是這麼寫的。

「可以學英語的蛋糕店？」

店內傳來似乎是昭和歌謠的背景音樂。

♪紅茶的美味、咖啡～♪

有個人隨著旋律邊唱歌邊走出店外，這個人應該是這間蛋糕店的老闆娘吧？

「♪可以學英語的蛋糕店～♪」

熟悉昭和歌謠的人應該聽得出來她把原來的歌詞換掉，自己填詞唱。

「哈囉，你好！My name is Sumiko。不是Smith，是Sumiko。」

ABC
可以學英語的蛋糕店

這位穩重的胖胖老闆娘堆著滿臉笑容跟實樹打招呼。

不叫Smith的Sumiko的說法，莫非是一種美式幽默？

實樹不禁在心裡嘀咕著。

「我從出生到現在，從不覺得美式幽默有趣。」

不叫Smith的Sumiko完全無視實樹當時的心情，自顧自開始介紹她的店。

「This cafeteris is……我是說這間自助餐廳。我剛剛是用英文講的啦，總而言之，這是一間可以學習英語的店。Do you understand？」

「就如商店招牌上面寫的那樣嗎？」

「Yes，你的觀察力good。要不要進來喝杯茶？」

其實，實樹的英文很爛，他最怕學英語。

可是，有件事讓他更在意，那就是這時候剛好也肚子餓了。

所以，決定進入這位行為舉止奇特的老闆娘的店一窺究竟。

「來，請進。」

實樹坐在老闆娘所引導的座位上。

環顧四周，店裡約有十二張桌子，幾乎都坐滿了人。

有兩桌坐著外國人老師對著一名女性進行一對一的英語會話學習。

其他桌的客人則是自己在看書，或者在寫東西，也是在學英文。

實樹怕待會店員會過來用英文詢問點餐，趕緊向身邊的不叫Smith的Sumiko點餐。

「請給我一柳橙汁。」

「Orange juice, please.」

不叫Smith的Sumiko對著廚房叫喊點餐，然後把蛋糕菜單遞給實樹。

「要點哪種蛋糕？」

「我不吃蛋糕。」

這時候不叫Smith的Sumiko一臉困惑的表情說。

「蛋糕是附餐，請點。」

這間店果然是間超麻煩的店。

實樹看了一下菜單，查看蛋糕的價位。

可是，不管翻到正面或背面，上面都沒有標示價格。

這樣看來，搞不好這是間詐騙人的店。

「蛋糕賣多少錢呢？」

實樹決定問清楚。

實樹心裡想，看妳怎麼說了，卻聽到意外的答案。

「全部免費，不用付錢。這間店是不努力王國的國營咖啡店，蛋糕和學習英語的費用都由國家支付，你不用擔心。」

「什麼，竟有這種事？」

實樹大吃一驚，頓時啞口無言。

每個人偶爾都會遇到這樣的事吧！

「為什麼是免費的？」

聽實樹這麼問，不叫Smith的Sumiko以慣有的口吻開始說明。

「在我們的不努力王國鼓勵人民學習英語。因為我們是個小國，除了要有內需市場，也希望讓其他國家知道國內的各項產業資訊，期待可以出口商品。

如此一來，英語不是很重要嗎？可是，不是有很多人覺得學英語很難嗎？」

「是啊，英語真的很難。」

「希望這樣的人想學英語的時候，不會因為付出過多努力又學不好而感到沮喪！在不努力王國，就把英語和蛋糕變成套餐組合。」

「英語和蛋糕變成套餐組合？我聽不懂妳在說什麼。」

「想吃蛋糕時，就來這裡。我們會安排英語老師配合客人的程度教學。第一次光顧時，如果不想學英語，只吃了蛋糕就離開也行。」

「可以只吃蛋糕。」

「剛開始也有這樣的人，就一個人無聊地吃著蛋糕。如果有人走過來對他說英語或說點話，會想知道是什麼意思，就會跟人交談，跟老師學習。」

「真有這種事？」

「要不要幫你安排一位老師，體驗看看？」

「不，不用了！」

實樹果斷地拒絕了。看來他真的不喜歡英語。

因為他覺得自己並不是為了學英語才來不努力王國。

「唉，真是遺憾。不過，這樣也好啦。只吃蛋糕也可以。」

說完，不叫Smith的Sumiko就向實樹推薦蛋糕。

「那麼，我點蒙布朗蛋糕。」

「A mont blanc, please!」

不叫Smith的Sumiko以類似英語的發音向廚房點餐。

沒多久，蛋糕就送來了。

實樹很自然地小聲地說：「Thank you.」。

「沒錯，就是這樣，good!」

不叫Smith的Sumiko聽到實樹說英語，非常開心。

「請問，來這裡的人全是因為想吃蛋糕而來的嗎？」

聽實樹這麼問，不叫Smith的Sumiko表情突然變得嚴肅。

「是的，剛開始確實是因為這個原因。你有聽過習慣化這個名詞嗎？不論是學英語或任何東西，都要在不是刻意努力下，而是自然而然想去做的狀態下，才可能繼續持續做下去。」

「那個，剛剛那位帆船男也是這麼說。」

「你是說那位帥哥大叔嗎？」

「是的，確實是一位帥哥大叔。不過，我還是不懂那個方法，不曉得該如何不用刻意努力，在無意識下自然而然地付諸行動。」

「Oh, No! 你的那個不是蛋糕。」

老闆娘一付不可置信的樣子，誇張地張開雙手，縮脖子。

「蛋糕？」

「任何事情想要主動付諸行動的話，都需要有些助力才行。

就好比讓電視遙控器在像滑冰場的冰上面滑行那樣。」

「讓電視遙控器在冰上滑行？怎麼覺得這樣的比喻有點怪怪的。不能拿冰壺遊戲來比喻嗎？」

「你知道冰壺遊戲？怎麼不早點說。」

「前陣子不是舉辦了奧林匹克運動會嗎？努力王國的大叔每個人都很熱衷，大家都在聊賽事，最後竟然聊到哪位女選手比較可愛。雖然我對體育賽事不是很懂，但也因為這個運動會讓我認識了冰壺遊戲。」

「一股作氣把擺在冰上的石頭用力推出去。接下來，就讓石頭自己順暢地在冰上滑行。石頭勢如破竹地往前滑行的狀態就是一種習慣化或自動化的狀態。不需要付出努力，透過慣性法則就是順暢前進。」

這就是實樹一直想知道的祕訣。

「要怎麼做才能勢如破竹呢？」

「這是個好問題，重點就在於此。祕訣就是養成慣性法則的契因，那就是蛋糕！這個契因就是獎勵的意思。」

「因蛋糕的獎勵而學英語？」

「就是你說的這樣。若是沒辦法去健身房的人，只要讓他到了健身房，他就會運動。所以要縮短且加速他願意付諸行動的過程時間，有效的方法就是獎勵。

總而言之，我們這間學習英語的蛋糕店就是一間結合必做之事（任務）與獎勵的終極學習機構。Do you understand?」

不叫Smith的Sumiko總是喜歡在最後用英語問話。實樹也想都沒想地就回答：

「Yes!」，由此看來，實樹蠻容易被人家牽著鼻子走。

「可是，」

實樹心中還是有點疑惑。

「不喜歡蛋糕的人怎麼辦呢？」

不叫Smith的Sumiko一臉得意地回答。

「你問對人了，我們還有一間可以學英語的居酒屋姊妹店，Please go there!」

蒙布朗蛋糕終於來了。實樹開動了。非常美味。

「如果住在這個國家，應該會想再來這裡吃點心。」

實樹有點喜歡這間蛋糕店。

STAGE 6

宣誓男與預約女

實樹用英語說了「謝謝」，走出「學習英語蛋糕店」的時候！

一位陌生男子突然對他說：「我明天要五點起床。」

這名男子穿著似乎要赴宴的晚禮服。

他的旁邊站著一名穿著禮服的女子，打扮的好像迪士尼卡通裡的公主。

「咦？啊，這？」

實樹完全無法有所反應，還在驚慌失措時，男子又繼續說。

「五點，我要五點起床。」

他突然握住實樹的手，會不會握的太緊了？

「好，那個，請加油！」

任何人像這樣突然被握手，都會感到困惑而做出這樣的回答吧？

可是，因為這裡是不努力王國，碰到這種情況不曉得該說是幸運或倒楣。

穿著禮服的女子以奇異的表情出聲說話。

「啊，你剛剛說了請加油嗎？」

「這裡是不努力王國，我們的法律是禁止努力，禁止加油的。」

突然宣誓的男子也趁勝追擊地糾正實樹。

「抱、抱歉，因為我今天才剛從努力王國來，一時還無法改掉舊習性。」

禮服女子不等實樹話說完，就打斷實樹的話，她好像要打電話給某人。

「不過，」

宣誓男子突然轉向實樹問了問題。

「你知道為什麼我要說要在五點起床嗎？」

「我、我、我、我，怎麼會知道。」

實樹有點生氣了，不耐煩地回答。

「我跟你說。」

晚禮服男邊捻著鬍子說。

「人類的意志是異常脆弱的。所以就算一直想要努力早起，但大多數人還是無法持續辦到。」

「你說這個我懂。因為在努力王國，努力早起就被視為是一件高難度的事。」

「我說的沒錯吧？所以在我們的不努力王國鼓吹一個不需要依靠意志力早起的方法，這個方法就是『宣誓』。」

「所以你剛剛說要五點起床，就是在宣誓了？」

「是的。向眾人宣誓的話，就不會有『自己對自己說謊的歉疚心理』，透過宣誓讓自己付諸行動。換言之，就是先寫下自己的行為劇本，接下來不就可以什麼都不想，照著劇本做就對了，所謂的宣誓就是這樣的感覺。」

這時候，實樹心裡是這麼想的。

「如果這麼做真能早起的話，不就不需要鬧鐘了。」

突然宣誓男似乎解讀到實樹內心的疑惑，他接著又說。

「也許你會有所懷疑。就向十個人宣誓吧！你也可以試著向十個人宣誓。這十個人的反應一定各不相同，也會鼓勵你。然後翌日早晨就會在五點醒來。這時候你會想起曾經鼓勵你的那些人的臉龐。

『你一定辦得到！』、『如果能五點起床，一定能擁有充實的一天。』這時候你能夠辜負對你說過這些鼓勵話的人的心意嗎？當然不會辜負。」

「確實如此呢！」

「所以，你啊！」

突然宣誓男說完後，再一次緊緊握著實樹的手。

然後，他對著實樹宣誓：「我，明天五點起床。」

說完，又對實樹小聲地說：「請你對我說些好話。」

對方都如此請求了，沒辦法只好照做。

「那個，那這真是一句好話。那句話是這麼說的，沐浴在朝陽底下，能為自己的好運充充電。」

實樹回了一句很棒的話。

這句話是在努力王國時，母親所閱讀的雜誌裡的一段話。

剛剛實樹突然想起了刊登在《努力夫人們》占卜單元的內容。

「謝謝你，真是一句好話，感覺我明天應該可以五點起床。」

突然宣誓男非常開心，也介紹了身旁的禮服女給實樹認識。

可是，實樹並沒有拜託他介紹認識。

「她是我的女朋友。在這個國家我以『宣誓男』身分竄紅，她有時候會以『預約女』的名義在雜誌寫專欄。」

「什麼，妳是預約女？」

「嗯，是的。」

一身禮服打扮的「預約女」得意地回答。

兩人看起來都是愛說話的人。

「即使你已經入會，成為健身房的會員，卻還是一次也沒去過吧？」

「是啊，家父就是這樣的人。」

「因為過度依賴意志力，才會無法持之以恆。就如我的達令剛剛說的，人類的意志力是非常薄弱的。

預約
宣誓
預約
宣誓

所以，想要不用努力就能持續到健身房報到的方法，我推薦『預約』這一招。」
「預約嗎？聽起來很普通。」
「普通的方法就夠了，不需要什麼奇招。只要嘗試做做看，就能體會其效果。
預約的話，不是需要有對象才能預約嗎？譬如預約教練。
如果爽約，就會覺得過意不去，因此一定會去健身房報到。這一招不是僅限於健身房而已。想跑步的話，約朋友一起運動，會比一個人孤零零運動的持續效果更大；減肥也是一樣，如果事先預約了提供低卡餐點的餐廳或食材，接下來一定會自動地完成約定。」

然後兩人輕輕牽起對方的手，邊跳舞邊說，
「我在此宣誓，絕對不辜負對方的鼓勵。」
「我在此預約，絕對不浪費對方的時間。」
然後兩人一起說：「不要只顧自己，也要影響別人，大家一起朝目標前進。」同時宣誓男抱起預約女，開始轉圈。

眼前景象宛若愛情喜劇片的結尾。

不過，實樹的故事並不是在這裡就劃上句點。

雖然他心裡想：「你們會怎樣，我才懶得管呢！」但是事實上也是有點羨慕他們。

「兩人真的很速配啊～」

與人往來，將對方的心意化為能量與動力，朝著目標前進。

到目前為止實樹也聽了許多不須努力的祕訣，搞不好這個作法是最簡單的「不須努力方法」。

當實樹在沉思這些問題的時候，宣誓男和預約女依舊在轉圈。

他們挺得住吧？

轉圈圈～

STAGE 7

突然倒地就睡的男子

「我該回家了吧？」

實樹第一次離家出走，到了晚上如果沒有想去的地方，會想回家也是理所當然。

可以看見遠方高台閃爍著燈光，原來那裡是車站。

「不努力王國真是一個有趣的地方啊～」

實樹朝著目的地、車站前進。

「雖然只是短短一天的時間，卻從不用努力，過著快樂生活的人們身上學到許多開心生活的訣竅呢！」

今天遇到的人們姿態像播放電影般，慢速地在實樹腦海中重現。

穿著黑衣服的親子家庭、突然伏地挺身男、宣誓男與預約女情侶……，實樹穿越了好幾個馬路，來到通往車站的坡道。

實樹之所以認為自己正在踏上歸途，因為他想把這次的離家出走冠上旅行之名，他是出來玩的，不是逃家。

「為什麼不努力王國會誕生出不須努力的文化呢？

應該是不努力這件事本身具備真正的價值吧！其實等我回到努力王國後，根本不可能可以完全像這樣不努力地過日子。那麼，我應該如何把今日所學實際運用於日常生活中呢？」

就在實樹思考這個問題的同時，他已經抵達車站了。

他回頭一看，在靜謐安詳的黑暗中，路燈已亮起，閃爍著微弱的光芒。

「有多少燈光就代表有多少人住在這裡啊！」

實樹突然覺得鼻頭酸酸地。

「再見了，不努力王國。謝謝你，不努力王國。我不會忘記我在這裡學到的東西。總有一天我一定會有所成長，再重回舊地。」

實樹懷抱著感傷的心情，筆直朝車站方向前進。

結果，發生讓他大吃一驚的事。

這是怎麼一回事？車站竟然關門了！

實樹看了貼在牆壁上的時刻表，看了兩次，不，看了三次。

「末班車是八點十分，怎麼會這樣？」

實樹看了一下手錶，已是晚上八點五十五分。

若在實樹居住的努力王國，凌晨一點前都有電車可搭，這可是稀鬆平常的事。

可是，這裡是不努力王國……。

實樹不由得大聲喊叫，結果如何呢？

原本緊閉的鐵捲門拉開了，走出一位站務員。

「你是旅客嗎？不好意思，末班車已經開走了。」

「看來好像是這樣。」

實樹不得不這麼說，但他根本不曉得該去哪裡才好。

「這裡是不努力王國，晚上就是不要慌慌張張，要悠閒度過，好好休息。」

「我知道。可是，如果沒有電車可搭，我不曉得自己接下來該怎麼辦才好。」

聽到實樹提出這個問題，不曉得為什麼站務員很快就回答了。

「派出所附近有間旅館，你可以去那邊問問看。」

站務員快快回答了實樹的問題，打算再鑽回站裡。
可是，實樹還有事情想問他。
「那個，請等一下。那間飯店收費貴嗎？我身上錢不多。」
站務員轉過身說：「收費確實是有點貴。」就在此時咚咚的鐘聲響遍整個街道。
好像是晚上九點了。
就在這一刻。
「啊，這下糟了！」
站務員說完這句話，就當場倒在地上。
好像被槍打到般，馬上倒地。
「啊？站務員先生，你還好嗎？是不是要叫救護車？」
實樹完全不知所措。
因為他年紀還很小，未曾有過有人在他眼前昏倒的經驗。
可是，大家請放心。

站務員微張眼睛，偷偷瞄著實樹。

「我要睡覺了，請保持安靜。」

站務員依舊閉著眼睛，小聲地規勸實樹。

「你要睡覺了，在這裡睡嗎？」

「是的。」

「睡這裡會感冒的。」

實樹完全沒有進入情況。可是，站務員依舊閉著眼睛，一動也不想動地說：「我決定每天九點就睡覺。現在已經九點了，所以我要睡了。」

「你在胡說什麼，就算九點要睡覺，也不能睡這裡啊！」

實樹開始擔心起許多事了。

因為站務員就睡在站內與站外之間的半開鐵捲門下面。

「你突然就睡在那裡，是有什麼含意嗎？」

站務員決定裝睡，不想理他。

「一定有所含意吧？我在白天遇見了跟你很像的人。那個人突然就在路上做伏地挺身。」

「啊，是他啊！他是我堂弟。」

那一秒，站務員好像想起身說話。

可是，他「啊」了一聲，察覺不對，又躺下去繼續裝睡。

「不用努力，跟你現在突然倒地睡在這裡，這兩者之間一定有所關聯吧？我說的沒錯吧？」

實樹再追根究底地問。

「是的，沒錯，當然有關係。」

站務員被逼得沒辦法，只好回答。

畢竟人類本來就是和善的生物。

本來就想把自己知道的事情說給別人聽。

記得網路的某個社群的成員曾說過這樣的話。

想回答的人遠比想提問的人多，所以問題永遠都不夠。

啊，我好像偏離主題了。

站務員聲明這是最後一次了，然後起身，吸了一口大氣開始發言。

「我為什麼必須九點就寢，因為我每天必須早上五點半起床。很多人決心每天要早起，但最後都辦不到，原因就是他們沒有早點就寢的關係。既然立定目標，如果沒有確實訂立好起點，也就是開始的步驟，絕對不會成功。讀書也是一樣的道理。決定在測驗日之前把參考書看完，就要先訂好開始實行這個目標的日子，否則永遠都不會開始的。職員處理文件也是一樣的方法。明明說好週二上午前提出，卻老是遲交的人，如果他能改變說法：『我會在週四下午三點開始處理，週二上午十點前交出』的話，就不會遲交了。大家只將注意力擺在終點或目標，卻忽略了起點的重要。努力早起卻無法持續。因為我們身體需要一定的睡眠時間，不能確保一定的睡眠時間，人就無法生存。睡眠這種事是不可以隨便處理或有所勉強。因此，想早起的人一定要在他能自然醒來的時間點之前睡飽。換言之，我認為無法將起床時間習慣化的人，其他事情也無法習慣化。電車時刻表也是一樣的道理。如果首發列車延遲了，後面所有的列車就會像撞球般全部誤點。時間是單向前進的，不會回頭。我們可以一直重新播放影片中喜歡的場景看，打電玩時，也可以一直玩喜歡的舞台部分，可是在現實世界裡，沒有重來一次的可能性。所謂凡事不須太刻意努力，其中有著順應時間、順其自然的意思。所以先決定好起床時間，是為了讓一整天行程都能順利進行的重要步驟。這樣你懂了嗎？」

「謝謝你，我懂了。」

站務員說完本書最長的台詞後，又噗咚倒下，再度閉眼睡覺。

過沒多久就聽到熟睡的呼聲，看來他是真的睡著了。

實樹沒地方可去。

在美麗皎白的月空下，一位和藹的長者在眼前睡著。

實樹靜靜地坐在睡覺的站務員旁邊。

他心裡想，就在這裡待到天亮也不錯。

好了，大家晚安了。

TATION

STAGE
8

週二淑女

喀啦、喀啦、喀啦、喀啦～！這是什麼聲音？答案是鐵捲門開啟的聲音。

清晨降臨了不努力王國。

也就是說，不努力王國車站現在是早晨時刻。

鐵捲門開啟的聲音叫醒了實樹，當他張開眼睛時，看到昨晚那位站務員正在準備開站作業。

「啊，早安。昨天謝謝你。」

「你睡在那裡啊！」

站務員看似匆忙地回話。

「昨天因為跟你聊天睡晚了，託你的福我今天早上賴床25秒。」站務員的語氣聽起來像是生氣，又像在笑。

今天天氣非常晴朗，從坡道往下俯瞰的不努力王國洋溢著和平的氛圍。

真實的鳥兒們也在唧唧啾啾的叫著。

很不可思議地，天亮後，實樹原本膽小與擔心就像蒸發的晨露般，全部消失不見。

取而代之的興奮心情不斷湧現，他很想在這個國度進行更深入的冒險之旅！

「首發列車的時間是六點。」

站務員告訴他發車時間，可是，實樹已經改變心意。

「我想再繼續探險，想再多了解這個國家後再回去。」

實樹面朝街道，大口深呼吸。

每呼吸一次，就覺得清晨沁涼的空氣將肺裡累積的塵埃一掃而空。

一直以來都太努力，不知不覺中累積了太多的想法。

所以實樹很貪心地不停深呼吸，一直發出「嘶、嘶、嘶、呼」的聲音。

提倡神奇深呼吸操的美木良介老師看到實樹這樣呼吸，也會大吃一驚吧！

站務員看到實樹在深呼吸，對他說：

「電視上說，早晨深呼吸運動橫隔膜的話，可以提升基礎代謝量。」

不管在哪個國家，呼吸法都可以說是能夠輕鬆持之以恆的一種瘦身法吧！

「在詩人谷川俊太郎先生和加藤俊朗先生合著的《呼吸之書》中也有這麼說。」

實樹覺得自己也該有所回應，就這麼說了。

其實，實樹很喜歡這本能讓他心情平靜的書。

越是每天過得辛苦努力的人，更要重視呼吸這件事的重要性。

可是，對現在的實樹而言，發現不用努力也能成功的方法更加重要。

「站務員先生，你可以推薦我今天值得參觀的地點嗎？」

站務員想了一下，他好像想起了一件事。

「對了，今天是國王見面日。」

「國王見面日？」

「是的，每個月一次國王跟人民見面的日子。」

站務員說完，瞄了一眼時鐘。

「就快六點了吧？現在去的話還來得及領到整理券，地點是那裡。」

順著站務員手指的方向看去，看見在遠方的市郊矗立著一棟漂亮的建築物。

「那裡就是城堡。」

「哇，就國家規模來看，那可是一座大城堡呢！

這裡雖然是不努力王國，那座城堡會不會過度豪華呢？」

「你去了就知道了。」

「國王是個怎樣的人呢？不是你們國家的人民也能見到他嗎？」

「只要有整理券就可以。國王他啊，嗯，是怎樣的人啊？是位老爺爺。」

實樹向站務員道謝後，朝著不努力王國城堡前進。

到了中途的商店街，正在掃地的老奶奶對著實樹說：「早」。

「早安。」

實樹一心想拿到整理券，急著趕路，步伐很快。

可是，世事就是如此奇妙，當你急著辦事時，就是會有人叫住你，要跟你說話。

「你要去哪裡？」

「我要去那座城堡。我要去領取跟國王見面的整理券。」

「奶奶我啊，每週二都會固定在這裡掃地。」

「是，每週二在這裡打掃。」

不知說什麼時，就是重複對方說過的話。

「這附近的人都叫我週二淑女。週二這天不論氣候多麼酷熱或嚴寒，抑或颳風下雨，奶奶我都會在這裡掃地。」

「週二淑女。」

實樹再一次仔細地瞧著老奶奶。

可是，她看起來完全不像淑女，不過就是一位鄉下的老奶奶。

「大家常常問我，每週二在這裡掃地不覺得辛苦嗎？」

「是啊，我也是這麼想的。雖然這裡是不努力王國，您這樣會不會太辛苦了呢？」

「一點都不辛苦～」

老奶奶滿臉笑容地說，舉起手在臉前方搖手否認。

「週二淑女這個稱號啊，關鍵就在於週二！只要決定好是星期幾要做

哪些事，人們大多能夠如期完成。倒垃圾不就是個最棒的例子嗎？

奶奶我是週一和週四倒可燃垃圾，週五是瓶罐回收日。」

「啊，我家也一樣。」

「你家也一樣？聽你這麼說真開心。在週一和週四倒垃圾的人啊，一旦決定在週二掃街，就一定能做到。上補習班或其他事也是一樣，決定在週二和週五上補習班，就一定會準時做到。」

「您說的沒錯。」

「所以呢，如果想持之以恆做某件事的話，先決定好在星期幾做這件事。先想好在週日的幾點學習英語會話的話，時候到了自然就會付諸行動。」

「嗯，這個方法聽起來很不錯。」

「唉呀，你該走了。再不快點去，就拿不到整理券了。」

「啊……」

實樹對這位奶奶真是甘拜下風，因為她讓趕路的自己願意停下腳步，跟她交談。

不過，奶奶說的一點都沒錯，先決定好星期幾做哪些事，或許會讓人更容易開始付諸行動。

「謝謝您！」實樹向自稱是週二淑女的奶奶致謝後，再度趕路。

「整理券應該還有剩吧？」

STAGE 9

零虛構的寫實小說家

實樹走了很長的路，終於來到了不努力王國城堡。

為了領取不努力王國最大老闆、國王的見面整理券。

從位於山上的車站眺望的不努力王國城堡，是一棟巨大又豪華的建築物。

雖說是城堡，其實是跟東京都廳很像的一棟大樓。

「這裡就是不努力王國城堡嗎？跟他的國名相比，總覺得建造得有點豪華。」

實樹的雙腳踏進了城堡的腹地裡。

結果？

「奇怪？」

怎麼如此單薄、弱不禁風？真的又薄又扁。

從外表看如此華麗的建築物，竟像布景般單薄。

如果要比喻的話，就是漫畫《天才少爺》裡的貧保耐三。

這位貧保耐三只有身體前半部穿著華麗的西裝，但是身體後半部卻是全裸，總而言之，這棟建築物給人強烈虛有其表的感覺。

「不愧是不努力王國，乍看之下是一棟極盡奢華的建築物，其實是一棟非常『不努力』的建築物。將這個國家的哲學理念表露無遺。」

實樹就像看到了很棒的東西，感覺很興奮。

實樹走進這棟外表單薄，卻有三十層樓高的大門入口，眼前是面積相當於路邊公園大小的中庭。

中庭對面是一棟像公民館的兩層樓建築物。

「這個就是城堡？」

像公民館的建築物入口處擺了一張會議桌，有位姊姊坐在那裡。

難道那裡是服務櫃檯？

除了這位姊姊，沒有看到有其他人。

該不會在跟週二淑女聊天的時候，整理券就發放完畢了吧？

實樹後悔剛剛跟人聊天。

「畢竟是一個月才有一次的見面會。」

當實樹這麼想時，櫃檯大姊姊對他問。

「你要跟國王見面嗎？」

這個櫃檯好像是發放整理券的服務台。

「是的，可是，櫃檯的服務時間不是結束了嗎？」

「請你過來這裡。」

櫃檯大姊姊對著實樹招手，他聽話地走過去。

眼前是一位笑容可掬的大姊姊。

「來，來我這裡。」

大姊姊笑著用雙手把整理券遞給了實樹。

實樹看了一眼整理券，上面寫著一個大大的「1」。

「1？我是一號嗎？」

實樹原本以為整理券一定發完了，已經不抱希望，想不到還能拿到整理券，而且是一號，嚇得他慌張失措。

「是的，啊，請等一下。」

大姊姊從擺在她腳邊的紙袋，窸窸窣窣地要取出什麼東西。

實樹的視線也因此跟著轉移到大姊姊的腳邊。

想不到大姊姊穿著迷你裙，因為非禮勿視，實樹趕緊轉移目光。

「這是國王的簽名，給你。」

「簽名？」

大姊姊給了實樹一張有國王簽名的色紙。

「今天是特別的日子。為了送給第一位見面者，國王特地簽了名。」

「這是國王本人的簽名嗎？」

實樹看著色紙，正中間寫了一個大大的「王」字。

「咦，難道只有這一面有？」

實樹悄悄翻到色紙背面，真的只有這一面有簽名。

「請十點的時候再過來這裡。」

大姊姊說完，開始收拾會議桌。

「服務時間結束了嗎？」

「是的，時間到了。」

「（想不到國王見面會人氣這麼冷！）」

實樹的心情變得很微妙，暫時離開城堡。

這時候才想起來，自己一早到現在都沒吃過任何東西。

城堡前方的馬路上有間掛著紅白格紋招牌的麵包店。

實樹想都不想，直接朝麵包店走去。

只要走進麵包店，大家都會這麼做，實樹也拿了托盤和夾子，就在挑選麵包時發生了什麼事呢？

他看見剛剛那位負責國王見面會服務櫃檯的大姊姊經過麵包店窗外。

莫非大姊姊也是因為任務結束，出來買早餐嗎？

這時候從另一邊有個男人走過來，跟大姊姊交談。

實樹就隔著麵包店的窗玻璃看著他們。

突然，大姊姊說了一句：「真的拜託你不要再這麼做了。」是不是打了那男的一巴掌呢？

因為一切發生得太突然了，實樹根本搞不清楚是怎麼一回事。

儘管大受驚嚇，實樹決定裝作沒看見，繼續挑選麵包。

這種時候最好不要多管閒事。

實樹把看起來還暖呼呼的剛出爐香腸麵包擺在托盤上。

不論在任何時候，麵包的香氣就是有一種把大事化無的力量。

實樹重新調整心情，結了帳走出麵包店。

一走出來就看見一位把筆記本靠在電線桿上，正在寫什麼東西的男子！

這位堂堂正正的大人很明顯就是個怪胎。

實樹想裝作沒看見，慢慢從他身後經過。

卻在這時候！

「喂，你啊，可不可以安慰我一下嗎？」

那男人該不會是在跟我說話吧？

這種時候如果回應了，鐵定惹麻煩上身，可是，置之不理的話更糟糕。

「你叫我嗎？」

實樹停下腳步，男人又說了奇怪的話：「我現在剛好寫到『路過的年輕人拍拍肩給予安慰』的台詞。」

這時候不宜忤逆對方，應該適度予以配合才是上策。

「你要我安慰你嗎？」

於是實樹拍了拍這名男子的肩膀，做出安慰的動作。

「嗚嗚嗚嗚。」

男人放聲哭了。

「嗚嗚嗚、嗚嗚嗚。」

哭得很大聲且激動。

「對不起。」

實樹不由得向他致歉。

結果男人竟像若無其事般，抬起他那被淚水濡濕的臉龐。

「不，不，謝謝你！」

「咦？這是怎麼一回事？」

男子開始介紹他自己。

「我是這個國家知名的零虛構寫實作家。我叫零虛構戀愛男。」

「零虛構戀愛男？」

「等一下，你好像不認識我。你是不是很少看書呢？你一定是外國人。」

「是的，我是外國人，我昨天從努力王國來的。」

「原來如此。我只會記錄真實發生過的事情，然後寫成小說，我算是有點名氣的作家。我現在正在寫小說，剛好寫到這裡。

”一美打了零虛構戀愛男一巴掌，然後說。

『真的拜託你不要再這麼做了。』

零虛構戀愛男只能愣在原地，看著一美的背影目送她離去。

零虛構戀愛男的臉頰整個漲紅。是因為覺得丟臉才這麼燙嗎？還是因為憤怒呢？

抑或是因為被打巴掌，臉頰微血管破裂才漲紅發燙？零虛構戀愛男自己也搞不清楚。

不，也許零虛構戀愛男壓根就不想知道原因為何。

不曉得在原地發呆了多久。

砰、砰。有人拍了零虛構戀愛男的肩膀，這才回過神。

原來是路過的年輕人安慰了零虛構戀愛男。

零虛構戀愛男哭了。這個男人哭了。“——你覺得我寫得如何？」

「嗯，雖然覺得年輕人的出現有點突兀，不過，整體感覺不錯。

你為什麼要寫這樣的小說呢？」

「我剛剛應該跟你說過了，我只是把真實發生過的事情記錄下來，寫成小說。」

「不，你應該是有理由才會這麼做吧？」

「我是為了完成目標而做。

真的請你
不要再這麼

你知道以前流行過記錄瘦身法嗎？」

「我知道，我媽媽以前有做過。這個方法就是主張只要記錄吃了的食物內容，就可以瘦身成功。」

「是的，就是那個，決定好目標，再記下朝目標前進的行為，把行為可視化。

在減肥期間很自然就會避免攝取高卡食物，如果要記錄的話，人們都會想留下完美的紀錄，不會想留下不好的紀錄。」

「這跟你現在寫的小說有何關聯？」

「這個問題問得好。我想試著透過記錄行為，成就愛情。」

「也就是你抄襲了記錄瘦身法，把它換成記錄戀愛法！」

「嗯，可以這麼說嗎？」

「而且你的對象就是城堡的櫃檯大姊姊。」

「她的名字是一美。我夢想著如果能跟她結婚，每天的日子將會多麼開心啊！所以我就把所有的行動記錄下來，期許更接近目標，完成夢想。」

「這個方法太麻煩了，應該有更好的方法。

對了，進行得順利嗎？」

「到目前為止算是很順利。」

零虛構戀愛男手緊握著寫小說的筆記本，抬頭挺胸地說著。

「（明明被打了一巴掌，這樣也算順利？）」

實樹覺得事情有點蹊蹺。

零虛構戀愛男把寫滿小說內容的筆記本給實樹看。

「你看，這是小說的開頭部分。

〝在某個上班就快遲到的早晨。

我嘴裡咬著麵包匆匆忙忙出門，突然跟迎面而來的女子相撞。〞」

「好平凡的開場白。難道，這個偶遇是你事先安排的？」

「我很想認識一美小姐。就咬著麵包埋伏在她會經過的路邊角落，看到她出現時，我就鼓起勇氣跑過去。」

「你這樣根本就是跟蹤狂。」

「我是小說家！你在繼續看下去。我覺得這一段很棒。

〞這是翌日上午發生的事。當我沿著平日的路徑走去上班時，與昨天巧遇的女性擦身而過。

我向不知其芳名的她點頭打招呼，然後兩人擦身而過。就在那個瞬間。

她那飄逸的黑髮演奏出愛情的旋律。〝——寫得很不錯吧？」

「老套。」實樹差點脫口而出，但他忍住不說。

「寫的很好，不過，為什麼是黑髮？還有旋律？」

「是的，黑髮演奏出的愛情旋律。」

「可是，你何必把事情搞得這麼麻煩呢？既然喜歡一美小姐，就像大家一樣直接跟她告白不就得了。」

「你不懂，如果這樣就能告白成功，就不需要小說了。戀愛這種事情，不需要花費心力，不是努力就會成功。不需要為了讓心儀對象常看到自己，就想盡辦法跟他交談，也不需要費心安排約會行程。不需要做這些事，你懂嗎？可是，大都努力這麼做，然而，越是費盡心思，越是不能成功。所以，為了讓自己不努力，決定記錄自己的行為。」

「其實你是提不起勇氣。零虛構戀愛男為了讓自己有勇氣，先寫好劇本，然後再照劇本行動。」

零虛構戀愛男沉默不語。默默地翻開筆記本，繼續寫劇本。

「”年輕人說：你缺乏的就是勇氣。“」

年輕人說：
你缺乏的就是
勇氣。
LOVE

FINAL STAGE

王牌人物登場！覲見不努力王國國王

FINAL STAGE 1

「不努力王國」的王牌人物登場

時間上午九點五十五分。

實樹來到剛才領取整理券的櫃檯前。

因為剛剛櫃檯大姊姊說：「請十點時，再過來一趟。」

現在先把這位大姊姊就是那位零虛構戀愛男暗戀對象的事擺一邊。

眼前景象跟清晨時分截然不同，城堡腹地內的路人變多了，顯得很熱鬧。

「不過，還是覺得城堡看起來很單薄啊！」

從前面看城堡非常高聳豪華，其實它的主體很單薄。

如果打躲避球很厲害的小孩朝著城堡丟球，如此單薄的城堡可能就會崩壞了。

而且，位於中庭裡側的真正城堡建築物看起來比實樹念的學校校舍還小。

突然，頭上方傳來熱鬧的演奏聲。

抬頭一看，原來是機械人偶時鐘在報時！

緊貼建築物的時鐘下方的門啪地一聲打開了。

鼓笛樂隊人偶從門裡走出來，同時演奏著，沿著軌道繞一圈。

鼓笛樂隊人偶後面陸續出現馬車造型物、看似家臣的人偶。

「哇，真讓人懷念啊！這時候才發現自己已經很久沒有像現在這樣，可以有閒情逸致欣賞機械人偶時鐘的報時表演了。」

實樹眼睛張得很大，一直盯著機械人偶時鐘。

「（像這樣子鼓笛樂隊人偶、馬車、家臣出來一次，再一次出現鼓笛樂隊人偶、馬車、家臣，大概出來繞個三圈後就會回去，然後關上門，不久就會傳來已經十點的鐘聲吧！）」

實樹心裡是這麼想的，並抬頭等待鼓笛樂隊人偶出來第三次的時候……。

「咦？」實樹眼睛張得又圓又大。

不，也有人說眼睛本來就是圓的。

實樹等到的不是人偶，而是瞳孔。

實樹依舊瞪大眼睛，再仔細端詳。

「嗨，你好！」

機械人偶時鐘正中間的馬車上面竟然坐著一個人。

而且那個人不是天真可愛的小孩，是一位爺爺。

「這，這是怎麼一回事？」

「嗨，你好，很高興認識你，實樹！」

就像是大人坐著嬰兒車出場。

以這般姿態出現的爺爺對著實樹揮手。

這位爺爺理著一頭白髮飛機頭，連鬍鬚也是白的。

「這是怎麼一回事？」

實樹突然覺得很不好意思，只好一直低著頭。

結果一低頭，也能從下面稍微看窺看到後方的動靜。

低著頭的實樹看到眼前的城堡前廣場站滿了等候的國民。

「咦？」

實樹回頭一看，看見每個人臉上都掛著閃亮的笑容，抬頭看著那位爺爺。

「難道那個爺爺就是國王？」

實樹再轉頭看著時鐘，那位爺

爺笑容可掬，大動作地對著實樹揮手！

「實樹啊，我不是在自誇，我就是這國家的國王啦。過來，你過來我這裡。」

「那個人是國王？」

「來，請過來。」

國王不理滿臉疑惑的實樹，有兩個穿著家臣服裝的人走過來，要帶實樹去見國王。

在兩位家臣的帶領下，實樹走進了城堡裡。

通過城堡大門，內部景觀跟貌

似校園的樸素外觀截然不同。

若要用一句話來形容，那就是氣派。

走廊並排陳列著大幅的華麗畫作，腳上的地毯毛很豐厚，踏起來相當柔軟！

「哇，原來裡面這麼漂亮。」

實樹說完，兩位看似家臣的人自傲地回答。

「你說的沒錯，不努力王國雖然是個小王國，但是我們擁有許許多多世界知名的畫家和工匠。」

陳列走廊的畫作確實都是實樹曾在教科書看到的知名畫家作品。

實樹邊走邊看，爬上了一座有著摩登手扶欄杆的螺旋梯，結果讓他大吃一驚。

那裡竟然有個大門！

看來跟國王會面的時間到了。

實樹輕輕深呼吸。

他看到門旁邊的門牌寫著「國王」兩個字。

真是太直接，也太公開了！

FINAL STAGE 2

不努力王國的學習法

叩叩。

看似家臣的人敲了門，聽到門裡面傳來尖叫聲。

「請進！」

這一刻終於到來。

推開門，門發出吱吱嘎嘎的聲音，實樹走了進去。

「您好，我是實樹。」

「嗨，實樹，等你很久了，等了大概有五十年之久吧？」

「那個，不好意思，我是三小時前才知道能跟國王見面，兩小時前才提出申請的。」

家臣也插一嘴。

「國王，您也是四十年前才登基為王。」

「啊，是嗎？不用在意這些小事，放輕鬆。」

國王拍拍實樹的肩膀。

看著眼前這位國王的樣貌，確實就是剛剛硬坐在機械人偶時鐘馬車裡的老爺爺。

再靠近端詳，國王是曾經流行過的壞痞子風帥哥打扮。

身上穿的很像是小孩子畫的國王肖像畫裡穿的衣服。

換言之，就像是紅色男高中生制服，再加一件戴滿勳章的斗篷。

國王意味深長地問了實樹。

「你是從哪裡來的？」

「努力王國。」

「啊，果真感覺很像那個國家的人。」

「您看得出來？」

「嗯，大概能分辨出來。」

感覺好輕鬆，好淡泊，這是一位會讓人覺得很輕鬆自在的老爺爺。

「那麼，你為什麼來到這裡？是因為國王帥而來的嗎？」

「不是。」

「你啊，只有這種問題才會如此爽快地回答。算了，不跟你計較了。」

「對不起。那個，其實我並不知道有國王這號人物的存在，不過，我是為了學習才造訪貴國的。」

「什麼，為了學習？」

這一刻實樹覺得從國王的眼睛射出一道銳利的光芒。

「要學習什麼呢？」

「嗯，譬如生活態度的學習。

在我們努力王國裡，每個人都很努力、勤奮。不論早、午、晚，分分秒秒都在努力。可是，卻不怎麼順利。明明很努力了，也不斷地努力，但總是得不到回報。工作方面也是一樣的情況，學業也一樣。大家對於減肥、儲蓄、做生意等，也是很努力在做，但就是無法如意。所以，我在無意中察覺到一件事，該不會一直以來大家都用錯方法了。傳聞在不努力王國，人民不用努力，大家也過得非常開心，所以我就來這裡探尋箇中祕密。」

「這麼說來，你就是間諜了！」

國王說完，下一秒就聽到喀嚓的聲音。

實樹回頭一看，看似家臣的人舉起槍，並把槍口對著實樹。

實樹嚇到不敢動。

「不，我不是間諜。」

「算了，沒關係，是間諜也好，不是也好。我啊，喜歡吃酸的東西。」

國王說完，響起砰砰的槍聲。

這下子完蛋了嗎？

不，從看似家臣的人手中的槍口跑出紛飛的紙片。

這位國王不管是無聊的惡作劇或行動都顯得異於常人！

但實樹早已被嚇得出一身汗。

「對不起，對不起，我並沒有打算要嚇你。只是我很想看看你受驚嚇的表情。」

「彼此彼此，我也有不對的地方。」

實樹很後悔為什麼要跑來這種奇怪的地方。

如果你也遭遇到這種事，一定也會這麼想吧？

國王問實樹：「你是不是也是很努力，卻事事不順的人呢？」

「是的。雙親老是叫我要用功讀書，我也很努力地讓自己坐在書桌前，打算好好看書，然而每次都會想，為什麼我一定要念書呢？就算努力念書，成為大人後，也是必須再努力地工作，而且努力讀過的書，也不見得會成為考試的考題。

總之，不論從哪個角度看，所有的努力都是虛無的。」

「你的心情我懂。」

國王插嘴搶著說。

「我懂，我完全懂，我能體會你的心情。

我呢，在高中的時候，也曾問過老師。」

「問老師什麼問題？」

「我問老師，為什麼一定要讀書呢？你是不是也曾這麼想過？學校要我們記數學公式，可是長大以後好像也派不上用場吧？我的爸爸和媽媽平常也用不到因數分解的公式。平常不是頂多只會用到加法、減法和乘法嗎？而且是一個月才用到一次。」

「您說的對，真是這樣。」

「我跟你說。」

天啊，國王和實樹兩人手貼手，很開心地一起轉著手。

看似家臣的人咳了一聲，國王趕緊離手，繼續說話。

「那時候我的老師是這麼說的。因為她是女老師，所以我用女生的聲音說。」

實樹想，國王需要這麼做嗎？但是他把這句話吞進去了，決定洗耳恭聽。

國王真的模仿女生的聲音繼續說。

「國王同學，所謂的讀書，就像在挖沙金。拿著簍子進到河裡，不斷地撈沙。每撈一次，沙子就會從簍子的洞漏出去。總讓人覺得在白費工夫。」

說到這裡，國王突然變回他原有的聲音。

「那時候我很酷地用力點頭表示同意。老師看到我這樣，她的雙眸放射出迷戀上我的氛圍。」

絕對不是這樣！雖然實樹很想這麼說，最終他還是忍住，靜靜聽國王說。

國王再次裝女生的聲音說話。

「沙子會從簍子的洞漏出去。所以讓人覺得在白費工夫。可是呢，偶爾會有小小的金塊殘留在簍子裡。這個就是有價值的沙金。國王同學，你懂嗎？乍看之下會覺得讀書就像一直有東西從簍網的洞掉出去，根本徒勞無功。可是，在你的內心深處也會殘留像偶爾掏到的沙金般的智慧或知識，這些就是能豐富國王同學你人生的寶物啊！」

國王覺得自己說了一段很棒的道理，露出滿意的微笑看著實樹。

然後，他再變回自己的聲音說：「實樹你覺得如何呢？讀書是為了讓你遇見人生的寶物啊！」

國王一付篤定的樣子，等待實樹的回應。

就禮貌上而言，這種時候或許應該誇讚對方或致謝。

可是，實樹既沒有稱讚，也沒有批評，他很直率地說：「這個嘛，反過來說也可以解釋成這種學習根本是在浪費人生，幾乎不會有任何收穫吧？」

被實樹這樣反問，調皮搗蛋的國王笑著說：「也可以這麼說吧！我當時就聽老師的話，持續學習讀書，可是到現在也還沒遇見人生寶物。」

國王又接著說。

「還有，池上彰先生曾在節目《學會前與學會後》裡提到因數分解，你的國家也有播放這個節目嗎？」

「有，這是一個可以學到很多常識的節目，在我們那裡很受歡迎。不過，介紹因數分解的那一集我沒看到。該怎麼說呢？我覺得因數分解是最派不上用場的數學公式，長成大人後，也絕對會忘了這套公式。」

「你這麼說就錯了。因數分解不是為了計算而存在的公式，而是為了能向人淺顯易懂說明事情必備的公式。因數分解的作法不是要找出共同項目，然後再歸納在一起嗎？在我們要向人傳達訊息時，如果能先找出共通部分，再加以整理歸納再告訴對方，對方不就能更清楚明瞭嗎？即使成為大人，這樣的因數分解用法還是能派上用場。嗯，比方說～」

這下子實樹的腦袋完全搞混了。

國王繼續說。

「如果以藤森慎吾先生、松本人志先生、光浦靖子小姐、高松奈奈小姐、白鳥久美子小姐為主題，可以聊什麼樣的話題呢？」

「嗯，大家都是藝人，只能聊藝人話題吧！」

「可是，如果因數分解套用上去的話，會是怎樣的情況呢？因為要找出共同點，就會得到眼鏡（藤森＋光浦＋高松＋白鳥）＋松本的結果。」

「原來如此。」

實樹也察覺到，若把主題歸納為眼鏡的話，或許就有話題可聊。

比方說，把眼鏡當成個人特色的藝人與不用眼鏡為個人特色的藝人，也可以當成話題聊吧？

國王又得意地說。

「大家都認識的北野武先生在在拍電影的時候，似乎也會用到因數分解這個公式。殺人（第一個人＋第二個人＋第三個人）這個公式太單調了，所以就演變成另一個公式，詳細的殺人場景（第一個人）＋只看見屍體的場景（第二個人＋第三個人）。不過，不管是哪一種公式，都讓人覺得殺氣騰騰。」

實樹好像似懂非懂。

不過，實樹總算也有同感，上學讀書學到的東西，或許日後會派上用場。

「讀書這種事是努力不來的。不明白其真正意涵，只是一味讀書是很痛苦的。

如果能明白讀書的重要性，就算不努力也會主動讀書。

道理明白了再付諸行動就好。只是一味努力是最糟糕的，根本浪費時間與心力。

儘管大家都明白，就算努力也不會有結果，但是努力這個觀念就像宗教般，早已深入民心，大家都認為『努力是件美好的事』，結果讓自己受苦。

我想讓我的人民從那種無意義的痛苦中解脫。」

175　FINAL STAGE　王牌人物登場！覲見不努力王國國王

FINAL STAGE 3

不努力王國的歷史

「為什麼您的國家要禁止努力這件事呢？」

因為國王否定過度努力這件事，讓實樹很想知道理由是什麼。

難道國王跟努力這件事有什麼仇恨嗎？

「你終究還是問了這個問題。」

國王的視線望向遠方的窗外。

這時候看似家臣的人趕緊攤開卷軸，貼在牆上。

真的很虛擬化。

卷軸是記錄著不努力王國歷史的古老年表。

「我簡單扼要地說好了。」

國王終於以嚴肅的口吻訴說緣由。
「以前不努力王國和努力王國是敵對的關係。」
國王說完，很酷地撫摸自己的鬍鬚。
然後他一直遲遲未開口。時間過了三十秒、一分鐘、一分三十秒……實樹慢慢開始擔心了。
「（剛剛說要簡單扼要說，該不會只說這些就結束了？）」
又或許有什麼難言之隱嗎？
還是兩國之間曾發生過悲慘的故事？
實樹只能靜靜等待。
國王摸著他的鬍鬚，眼睛望著遠方。
看似家臣的人其中一位貼近國王說了悄悄話。
「啊，這樣啊！」
國王終於再度開口。

「一九四八年因王位繼承人之爭，分裂成兩個國家。這兩個國家就是努力國王與不努力王國。」

看似家臣的人在旁邊小聲地說：「老是忘記建國的年份。」雖然聲音很小聲，但實樹還是聽見了。

益智猜謎節目《Final Answer》中，後面會有很長的「閒聊」時間，這段時間毫無意義可言，只是因為忘記在打發時間罷了。

「那麼，我就簡單扼要地說，分裂的兩國彼此都不想輸對方，大家都在經濟成長和文化成長方面彼此競爭，一直努力地想贏過對方。

後來像寶玉一樣珍貴的可愛王子誕生了。

那位王子就是我。」

聽到開場白的時候，還會覺得真的就像寶玉一樣珍貴可愛。

「然後在我九歲那一年，我的父親及母親，也就是國王和王妃因飛航事故……」

年幼就失去雙親了嗎？

看起來樂觀開朗的國王也有著哀傷的過往嗎？

國王繼續說著。

「因為飛航事故……雙親很喜歡被迫降落的那座南方島嶼，就逃亡到那座島，有一天就成為那座島的國王。然後稍來一封信來。

『一切就拜託你了！你一定辦得到！後會有期！』」

原來國王的雙親還活著。

太好了，可是，如果站在國王的立場來想，這樣的結果真是讓人出乎意料的悲哀過往啊。

換言之，國王在十歲時跟雙親分開，年紀輕輕就登基為王。

聽說國王為了贏過敵國努力王國，非常努力。

當時兩國的國名叫做努力王國與甘巴努王國。

據說兩國國王都對其國民施威，要求人民要竭盡所有心力，不斷努力求取勝利。

「可是，我為了成為人民的典範，真的是努力再努力，結果工作量也跟著變多。

我是十歲登基，絕對不能讓人瞧不起我，任何事我都要親力親為，絕對不假他人之手。所有的演講稿都是我自己努力寫好的，也堅持自己做飯。不想讓別人對我閒言閒語，我每天都在想要如何做出營養均衡的一餐。

我親自照顧城堡庭院的花草樹木，我還說為了在國內建設優秀的鐵道系統，我會努力研究世界各國的鐵道資料。可是，當我越努力，事情越是不順利。我親自種植、照顧的樹枯萎了，還被人民批評我連花都照顧不了。」

「可是，」

實樹忍不住插嘴。

「種樹這種事，確實不需要麻煩國王親力親為，這根本不是國王該做的工作。」

「是的，你說的沒錯。我想讓人民看到我的努力，我身為國王，連不需要國王親力親為的事也做了，這樣的國王很棒吧？我想得到人民的稱讚。可是，我連不用親力親為的事也做了，卻被批評做不好，真的很悲哀。然後不知從何時開始，我對任何事情都失去了幹勁。」

「國王您太辛苦了。您根本就是陷入憂鬱狀態。」

實樹打從心底覺得國王很可憐。

國王又繼續說。

「於是有一天我終於無法再付出努力了，停止所有的努力。當時我心想，變成什麼樣都無所謂了，還逃避一切。

因為我不想努力，想把工作推給人民做。

這樣的我或許就像個壞國王，但是對一位被逼到絕境的少年而言，他已經盡了最大的努力了。」

「我懂。」

「可是，你知道結果如何嗎？」

國王拿起教學指揮棒，啪啪地指著年表，這聲音聽起來似乎很開心！

「這裡就是轉捩點，整個國家開始好轉了。」

房間門突然打開，舞者走了進來！

當音樂響起，舞者和國王開始翩翩起舞。

汽球和小鳥也放了進來，在房間裡飛舞，合唱團也高唱自創曲。

常聽人家說，當你決定不努力時，凡事都會變順利，聽了這樣的故事，讓人想跳舞，想走進梅花林中～嗚嗚嗚～嗯嗯嗯～啊啊啊～呼呼呼～

嗯，聽起來很像是井上陽水的歌，又有點不像。

「我因為自己不想再努力了，所以就把寫演講稿的事情交給家臣。然後你知道發生什麼事了嗎？

家臣竭盡心力為我寫稿，我因他的演講稿贏得全民的喝采。

我自己不想再努力處理園藝的工作，就交給園藝店負責。結果怎樣呢？每棵樹都長得很健康，爆開美麗的花朵。許多美麗的女性為了賞花，來到了城堡，雖然我還是個十幾歲的毛小子，看到有那麼多美麗的女生進城，心裡也會小鹿亂撞，非常開心。種樹的事一定要交給園藝店。

我發現，當我不再開口管東管西之後，所有的計畫都如期進行著。鐵路的事就交給鐵路公司。

最後我終於明白，人活著只要做他擅長的事就好。」

FINAL STAGE 4

不努力王國的目標

「人活著只要做他擅長的事就好？

請您明白地告訴我，這個國家的願想是什麼？」

國王用力吸了一口氣，以宏亮的聲音說。

「自由！平等！牙齒！……不臭。牙齒不臭。」

「您說什麼？」

再怎麼想，國王要說的應該是法國國旗三個顏色所象徵的自由、平等、博愛，不過，國王完全不在意自己說錯了，呵呵笑一下，一臉得意繼續說道。

「活了這麼久，我終於明白！大家只要更看重自己『擅長』的部分，就可以過著幸福人生！有人唱歌很好聽，有人跑得很快。有人是繪畫高手，有人算數能力強。大家如果能將自己擁有的『天賦』跟別人交換、分享，人活著不用勉強自己努力，也可以過得好。」

原來是這樣啊，實樹不禁想起他的家人。

「家母是美術大學畢業，精通繪畫，可是她的工作卻是家附近超市的會計，老是算錯帳，被上司罵。還把工作帶回家裡，每天都工作到很晚。不過，如果讓算數好的人來做家母的工作，不就得心應手嗎？

家母如果善用她的長才，為超市製作宣傳海報的話，對超市而言，這樣會比雇用一位老是算錯帳的員工，更能讓營業額上升吧？如果要家母畫宣傳海報，她一定可以兩三下就完成許多作品，比她現在的會計工作更輕鬆！」

確實如此啊！

不擅長寫文章的人，要他寫一篇文章可能要三天時間，如果交給文筆好的人做，三十分鐘就能完工。

算數不好的人一輩子都解答不出的問題，若交給算數好的人處理，兩三下就能有答案出來。

這麼強的計算能力，搞不好能成功設計出射向太空的火箭。

可是，如果情況相反，又會是什麼樣的結果呢？

讓擁有能設計太空火箭之計算能力的人當作家，會是怎樣的情況呢？

他會被視為庸才看待，也許在實習期間就被炒魷魚了。

相反地，讓文筆好的人在會計部門工作，會出現什麼樣的結果呢？

這個人在工作上一定經常出錯，可能惹得上司每天對他怒吼說，我要把你炒了。

國王說。

「人腦是理智的。就算把每個人擺在不適合的位置上，他還是會相對地付出努力。因為想吃、想睡、想與人友好是人類的本能。

為了賺錢，為了討人喜歡，就算是不擅長的事也甘願努力。

可是，在不擅長的領域就算多麼努力，最終還是無法出類拔萃，只能當個庸者。

這是千真萬確的，即使願意對不擅長的事付出努力，費盡心思後也不過了了而已，沒辦法贏過別人。

實樹啊，努力做一般的工作，取得報酬的人生，以及不用努力，活用自己擅長的才能，聽到別人說聲謝謝並獲得報酬的人生，你會選擇哪一個？」

「當然是活用自己擅長的才能，並贏得別人感謝的方式比較好，感覺毫無壓力。」

「我說的沒錯吧！大家都做他擅長的事，不是很好嗎？利用天賦能力在社會生存不是很輕鬆過活嗎？我真的覺得人活著只要做他覺得簡單擅長的事就好。」

「可是，」

實樹聽了越多像這樣順耳的甜言蜜語，反而心裡越不安。

「可是，沒有擅長才能的人怎麼辦呢？普普通通，真的非常平凡的人該以何為生呢？算數能力一般般，歌喉也不如人，跑得也不快，做任何事都只是一般水準的人，好比像我……」

實樹悄悄地伸出手指，指著自己。

國王輕輕地走到自卑的實樹身邊，緊緊抱著他。

「這個世界上獨一無二的實樹。你一個人離開了祖國，來到這裡。試問，誰能有這樣的勇氣？你現在已經擁有洞察現況的能力。擁有想探究的心，以及敞開大門、付諸行動的能力。」

「察覺現況的能力……」

「是的。」

「像我這樣每天都覺得不滿，整天處於負面情緒，這個也能想成是我的長處嗎？也可以說是我的強項嗎？」

「沒錯！就算認真尋找，也找不到完全相似的平凡人。每個人一定都擁有比別人厲害的某個長處。譬如廚藝很好啦、視力很棒、口才很好、可以靜靜地坐好幾個小時一動也不動等等。與其每天想要克服不擅長的事，如果能每天做這些擅長的事，一定可以每天過得輕鬆快活。就算只是比別人厲害一點，只要你這件事能做得比別人好，對方就會向你致謝，也可以靠這項才能賺錢。」

「嗯，是的。」

實樹覺得自己放了很大的心，一股安全感緊緊包圍著自己。

就像以前被爸爸擁抱的感覺。

不過，很早以前就已經忘記了這樣的感覺了。

雖然忘了，但大概就是這樣的感覺。

國王用雙手抓著實樹的肩膀，看著他的眼睛說。

「實樹，所謂自己擅長的事，因為是理所當然會做的事，所以總是察覺不到。所以呢，你只要成為找出朋友擅長的才能，並給予稱讚的人就可以了。如此一來，朋友也會找出你擅長的才能，並且稱讚你。當大家都能認同彼此的長處，就算不努力，也會彼此幫忙合作，自然每天都會活得開心。不管是哪種英雄人物，都有其弱點。如果大家都能下定決心用自己的優點彌補對方的弱點，對方用他的優點支撐自己的弱點，每個人的不同長處將會成為國家的實力。」

實樹細細品味國王的話。

活用天賦才能，就能擺脫無謂的努力，從痛苦中脫離，過著自由人生。

這就是自由！

彼此交換與分享自己擅長之事，就可以讓所有人認同彼此的價值，平等生存。

這就是平等！

「咦，有點奇怪？國王，我知道這麼做就能達到你想要的自由與平等，可是，您的第三個願想是什麼呢？

難道真是牙齒不臭嗎？」

國王難為情地搔搔頭說：「啊，第三個願想就算了。」

看似家臣的人們趕緊把年表收起來。

反正第三個願想絕對不是牙齒不臭，若再追究下去也毫無意義，看來面會時間即將要結束了。

191　FINAL STAGE　王牌人物登場！覲見不努力王國國王

終章

實樹回到努力王國

實樹向國王說了「謝謝」及「再見」後，決定離開不努力王國。

向站務員說了「我會再來」，就搭上電車，電車搖搖晃晃地開車了，而且搖晃了好一陣子。

終於電車駛進努力王國的月台。

在車門開啟的同時，許多執著於努力的大人們蜂擁般地靠過來。

「終於回家了～」

如果是以前，見到眼前景象，實樹一定覺得很心煩不悅，但是現在卻覺得有種懷念的感覺。

現在在實樹眼裡，覺得這些眼神死沉的人們、眼睛緊盯手機螢幕的人們好可憐。

這些人都拚命在做著自己不擅長的事。

越努力賣命，工作越多，最後把自己逼進死胡同。

他們都希望自己做的事能為社會有所幫助，也因為這個想法折騰著自己。

這一刻實樹終於能感受到這樣的姿態是多麼美麗。

而且，實樹也覺得這個國家的未來充滿光明。

「不，還有很多的成長空間呢！」

一個讓每個人可以更加發揮其實力的未來正在等待著大家。

想到這一點時，實樹抬頭仰望「一隻鳥」都沒有的天空。

實樹回到家，當然要被責罵。

他搭乘從努力王國出發到不努力王國旅遊的事情好像傳開了。

不過，畢竟是家人，還是會擔心他的安危。

媽媽真的非常生氣。

不過，爸爸打圓場跟媽媽說。

「實樹很勇敢自己一個人去社會學習，不覺得他很棒嗎？」

媽媽還是很生氣。

「我不希望你去社會學習，我希望你把社會科讀好。」

努力、努力、認真、認真，還是跟以前一樣，家人依舊是忠誠的努力教信徒。

「對了，那個不努力王國是個怎樣的國家呢？」

爸爸對不努力王國深感興趣。

媽媽好像也想知道，把椅子挪向實樹的方向。

「這個嘛，我要先從關鍵字講起。」

實樹拿起筆在紙上寫了「脫努力」三個大字，結果？

因為手肘碰到杯子，杯子翻倒，紙張正中間就滲在水裡。

「努」這個字滲到水消失了。

媽媽趕緊拿抹布擦拭，並說：「你說的關關鍵字是脫力嗎？」

實樹突然覺得怪怪地。

因為他想起了國王、突然伏地挺身男、零虛構戀愛男、學習英語的蛋糕店和許多遵守脫力哲學的人們的臉。

那麼，回到努力王國的實樹「見聞錄」就要登場了。

這是一個沒有盡頭，讓未來生活過得更輕鬆快活的故事。

因為大家全神貫注在聽實樹的異想天開冒險故事，當三津留老師說完故事時，大家一臉依依不捨的表情，像是在說故事這樣就結束了嗎？

有人跟亞梨紗一樣，整個人完全沉浸在故事情節裡，宛若自己親自到不努力王國一遊般；也有人像雅人那樣，雖然被故事吸引，但依舊不認為自己能跟故事角色一樣，不努力也沒關係。

這時候日佳瑠提出一項提案。

「老師，真的很感激您！說了一個如此有趣的故事給我們聽。因為這個故事，讓我邂逅了不努力王國的樂活人民，讓我自己也想實踐他們的生活態度。

老師您說您的學生因為知道這個故事，每個人都有了好的改變，下一次可以更深入地與您探討這個話題嗎？」

三津留老師開心地點頭微笑。

「我非常樂意。今天已經很晚了，請大家調整一下行程，約下次再見囉。今天能跟大家見面，非常開心。期待很快再見面！」

大家滿臉笑容地說一定會再見面，然後就解散了。

再相逢　故事真理

上次聚會過了大約一星期後，每位忙碌的與會成員早就迫不期待想再聽老師的教誨，紛紛調整每個人的行程表，再度聚集在上次聚會的原宿餐廳。與其說大家想聽故事，其實是更希望能藉這個機會完成長年想達成的目標。

雅人的目標是瘦身成功，日佳瑠的目標是學英文，亞梨紗的目標是儲蓄。

當全員到齊後，老師概略回顧一下上次的故事大綱，就開始告訴大家故事中每個角色所要傳達的真理。

＊　＊　＊

當我們仔細閱讀故事時，會想把**平常我們以為理所當然的事**，**但其實並非是如此理所當然**的內容深刻烙印於腦海裡。如果是一直居住於努力王國的人，或許會覺得不努力王國的常規太異想天開，無法理解吧！

然而反過來說的話，對不努力王國的人民而言，這些常規全是理所當然。

總之，我想說的是，希望自己**有所改變的話，第一步就是要洗耳恭聽，試著全面接受**，而不是一開始就對不努力也能得到成果的人的故事心存質疑。

步驟 1 意志力是有極限的

故事的主角實樹離開認為努力是王道的努力王國，來到不努力王國冒險。他第一個遇到的人是總是穿同一套黑色毛衣和牛仔褲穿搭的男子。在努力王國長大的實樹或我們一般人的眼中，可能會覺得這位男子是個怪胎，然而這位男子卻教導我們要圓夢的重要關鍵道理。

這個關鍵道理就是「**意志力是有極限的**」。

各位有沒有想過，當你充滿鬥志時，意志力能維持多久呢？你應該認為，就算這次沒有成功，只要有鬥志，總有一天會成功吧？可是，結果是不是一直無法圓夢，無法成功呢？

然而，美國心理學家已經證明意志力並不會無限湧現，意志力就像汽油一樣，是會越用越少的。對電玩愛好者而言，或許把意志力比喻為「魔法值」會更清楚。電玩角色越是使用魔法，分數就會減少。如果只使用簡單魔法，力量只會減少些許，但如果使用高難度魔法，力量就會瞬間大幅減少。在漫畫或動畫片中，一旦角色唸了咒語用了力量後，整個人就會筋疲力盡，變得虛弱。魔法值和意志力其實真的很相似。**當我們只是做簡單的事，意志力一樣也是只有減少些許，但如果從事高難度的事務，意志力就會瞬間大幅減少**。

各位是否也有過相同的經驗呢？

光是每天早上思考要穿什麼衣服出門，就讓人夠累了；當眼前堆滿必做的功課或工作，在想著該從哪一件開始處理的過程中，就已經讓人覺得心力交瘁。

儘管如此，我們又會怎麼做呢？

我們是不是一直如此認為，一旦決定開始做某件事能否持之以恆，關鍵在於當事者意志力的強弱度？就算一再失敗，熱情降溫時，總是相信自己馬上就能恢復意志力，完全沒有記取教訓，依舊繼續拚命努力。

然而，人越是努力，就像是緊踩著油門的汽車，只會一直消耗汽油；又好比是用了高難度魔法的電玩角色，只是一味消耗魔法值，馬上意志力就會消耗殆盡。

這時候，雅人看起來似乎面有難色。

雖然老師這麼說，該不會他還是認為如果沒有驅使意志力，人就無法有所行動吧？

因此，**只要擬定盡量不會驅使到意志力的計畫或方法，問題不就解決了**。

比方說，為了不要每件事都花心思做判斷，最好事先決定好每天要做的事情的作法或步驟。

- 先擬定好每天早晨的簡單運動流程
- 先想好平日的服裝穿搭組合
- 先排好每天回家後要研讀的科目

只要擬定如上的簡單原則，然後反覆做，或許就能減少思考瑣碎日常事務的心思，也不會老是喊累了。

步驟2 轉念

咦？雅人好像有話要說？

老師您說的我都懂，可是一直重複做相同的事情，不會因覺得無趣而無法持久嗎？

這種時候就要轉念了。在趁勢前進之前，試著把「義務」轉換為「娛樂」吧！這是實樹遇見的第二位男子教我們的道理。

不論學業或運動、工作，只要把要做的事情想成是一種義務，痛苦感覺就會油然而生。當痛苦加劇，為了克服痛苦，必須消耗更多的意志力。於是意志力就會一直被消耗，最後就會覺得自己「我真的不行，還是放棄吧」。

不過，如果把任務想成是娛樂，就會像小孩子打電玩那樣地熱衷。

比方說完成了一件常規的事，就貼一張貼紙於日曆上。接下來就會發生不可思議的事，當貼紙數目越多，就會越開心，也會湧現想持續完成常規該做的事的想法。

在生活便利的現代，各位不妨善用手機軟體來記錄自己做事的次數，譬如習慣追蹤軟體「Momentum」或習慣管理軟體「HabitMinder」等的APP工具，就可以像故事中的豆腐銷售員那樣計數。

順便提一下，我在年輕的時候幾乎無法做好財務管理，總是有多少錢就花多少，是標準月光族，所以後來我就使用手機的存錢電玩軟體來儲蓄。當我想花錢時，如果一定要忍住不花，會覺得很痛苦。因此，每次都透過意志力在忍耐，最後一定是徒勞無功，還是會回到原本的揮霍生活。這樣的過程不斷上演著。

可是，當我開始使用軟體後，會按日計算一個月的零用錢是多少，會思考一天只能花多少的錢，也能透過資料確認每天節省了多少錢。

於是就像累積遊戲的積分，發現存款額度也日益增加，然後每天都會想：「今天存的錢要比昨天多！」以前每天都要痛苦忍耐不亂花錢，現在那些痛苦完全煙消雲散，很不可思議地可以開始享受節約之樂。

像我把每天的零用錢所節省下來的金額當成是遊戲的得分，期待每個月得高分。實樹遇見的豆腐銷售員把被客人拒絕的次數當成一種勳章，視挑戰的次數來褒獎自己。

如果像這樣**把自己化身為遊戲開發者**，**擬定有趣的規則**，就算看似無趣的事也能輕鬆持之以恆。

熱愛電玩的雅人雙眸閃閃發亮。希望一定要挑戰看看。

步驟 3

安排好簡單的習慣與契機

不過，有件事希望各位注意一下。

當我們內心鬥志湧現時，總會抱持樂觀心態而行動，預想結果一定是好的。

實樹遇到的第三名男子告訴我們，現實並不會讓我們心想事成。

這位男子沒有上健身房運動，而是只要跟美女擦肩而過，就當場開始做伏地挺身。

乍看之下會覺得其行為不太檢點，但是他會這麼做是有理由的。

如果實樹想鍛練身體，他應該會這麼想：「好吧！馬上去健身房運動」？接下來他會持續到健身房運動呢？

實樹絕對不會繼續上健身房運動。

不過，不會只是實樹一個人會是這樣的結果。

大家只要問一下就知道，很多人為了鍛鍊身體，最初下很大的決心成為健身房會員，然而最後卻全都變成幽靈會員。

那麼，為什麼大家無法持續上健身房運動呢？實樹應該知道箇中理由吧？

其實就如伏地挺身男所言，大家都**把上健身房運動想成是一個動作步驟，事實上抵達健身房，到開始運動前的這段過程，要歷經多個步驟流程才能真正開始運動**。

清晨醒來，換上外出服，洗臉刷牙，準備用品，穿上鞋子，終於可以出家門，抵達健身房後，辦理入館手續，脫下鞋子放進置物櫃裡，再換上運動服，移動到擺放運動器材的地區……。

光想像要完成這麼多的步驟才能開始運動，整個人就累歪了。

剛開始上健身房的人因為最初是意志最高漲的時候，就算有點辛苦有點累，還是能按時上健身房。可是，過了數日，身心都囤積莫大疲倦感，意志力也消磨殆盡，最後就無法按時持續上健身房了。

相對地，故事中的第三位男子把伏地挺身以外的所有複雜步驟及過程全部捨棄，他就是只單純地做伏地挺身這個動作。

想著手新計畫的話，在你意志力及體力最充沛之時，正是最危險的時候，一定要提高警覺。

有句非洲諺語是這麼說的：「人生就像是吃下一頭大象一樣，你必須一口一口慢慢吃。」**不管你立下的目標多麼遠大，一步步按部就班地實踐，才是成功的最佳捷徑。**

這麼做真的好嗎？

像這樣一個一個小步驟實行是沒問題的。不要火力全開，突然就立志要做大事，而是傻傻地腳踏實地從小地方開始。這麼做，就能從容不迫，也能讓自己擁有較多的空間，不過，有個方法更棒，就是從低阻礙的事情開始。如此一來，在你持續做著不會讓自己有絲毫痛苦的小事的期間，就會養成習慣，養成習慣以後，就能實際感受成果累積的美好滋味。

就算多麼地不足，只要邊做邊看情況，慢慢地多做點事，這樣一點一滴地增加就可以了。

如果無法持續，沒有成果出現，等於之前的努力全化作泡影了。

此外，伏地挺身男還告訴我們另一件重要的事。他只要跟美女擦肩而過，就會開始做伏地挺身。

一般說來，他的這種行為就是所謂的「扳機」。扳機就是「楔子」或「動機」的意思。換言之，**為了養成習慣，要每天重複相同的行為，最好事先想好動機**。

伏地挺身男決定只要跟美女擦肩而過，就當場做伏替挺身。同樣地，各位也試著先決定好行動的扳機（動機）。

- 早上六點鬧鐘一響，就開始做仰臥起坐。

- 一搭上通勤或通學的電車，馬上打開英文單字表背誦。
- 一到公司，就集中精神三十分鐘回郵件。

重複動機與行為的組合步驟，最後就算沒有想到，在碰觸扳機的那一瞬間，身體就會反射性地動起來。各位在說不可置信之前，請務必先實踐看看。

不過，雖然會變成習慣不斷重做，一開始還是要切忌野心太大。

首先從小小的意願開始。不會讓人有絲毫痛苦感的壓力才是恰到好處。一旦覺得痛苦，就會忍耐，忍耐會消耗意志力。

大家目不轉睛，專心地聽三津留老師說話。

老師針對實樹在不努力王國遇見的三個人故事解說完畢，然後說他想喝杯咖啡，休息一下。

步驟4 誘發無意識力量

三津留老師拿起放在桌上的杯子，輕啜一口咖啡，繼續發言。

各位知道第四位男子，有著一口潔白牙齒的帆船男想告訴我們在圓夢時的重要關鍵是什麼嗎？

帆船男的牙齒或許是異於常人的潔白，不過，大家都有確實刷牙吧！

到了要刷牙的時候，大家心裡會想：「啊，等一下要刷牙了！」然後拿起牙刷吧？早晨起床，換好衣服，吃完晚餐，站在洗臉台前，擠牙膏於牙刷上，然後就以固定的節奏，很自然地刷牙了吧？

每天每天重複相同動作以後，自然而然就會連想都不想，乖乖地去刷牙吧？

這種事不會只限於刷牙行為而已。也許你們會覺得難以置信，**人類所有的行為當中，真正是憑人類意識去做的，只佔一成而已**。換句話說，有九成的行為是在無意識下進行的。總而言之，**如果能順利誘發人類的無意識力量，就會出現連自己也訝異的成果**。

潔白牙男用船和帆船做比喻，告訴我們這個道理。

船行駛靠汽油，要啟動引擎才能前進。

可是，一艘船能積存的汽油量有限。

最後汽油會耗盡，船就停止不動。

另一方面，帆船的行駛不靠汽油，而是借助風力，可以行駛至任何一個地方。

人類也是一樣的情況。

如果借助意志力，剛開始想執行的計畫是可以持續進行數次。

然而，意志力有極限。

最後意志力會消失，行動將無法持續。

此外，人類就算不使用意志力，只要誘發無意識力量，行為就可以一直持續。

日佳瑠，你的眼神充滿疑惑，是否懷疑真的能夠辦到嗎？

唯有這件事，一定要自己親自挑戰看看，否則你可能不會相信自己能辦到。因為在座的各位還沒有過這樣的體驗，所以才會有所懷疑。

不過，正因為這樣，你們就當作被我說的騙了，希望你們一定要親自挑戰看看。我保證當你們能辦到時，你們每個人的人生都會出現戲劇性的改變。

在每件事都是處於無意識「付諸行動」狀態之前，一開始你們需要練習把「辦不到」變成「辦得到」。可是，**在你們一再重複我一定辦得到的行為過程中，就會進入無意識「付諸行動」的狀態**。

關於處於自然「付諸行動」狀態的刷牙行為，大家幾乎都是在無意識下做出刷牙的動作，不過，當我們生平第一次想自己拿起牙刷刷牙時，不也是歷經拿起牙刷、擠牙膏、先刷哪一邊的牙齒，再換另一邊的一個一個步驟，才完成刷牙行動嗎？

可是，就在我們每天重複刷牙動作的時候，很自然地刷牙行動就昇華為「辨得到」的狀態，不知不覺當中，刷牙行為變成無意識「付諸行動」的狀態。

騎腳踏車也是一樣的道理。

第一次學騎腳踏車時，要配合「先踩右踏板」、「接下來踩左邊踏板」的平衡步驟，會覺得騎腳踏車很累人。不過，等到會騎腳踏車後，再也不會提醒自己「右腳踩踏板」、「左腳踩踏板」，很自然就會左右腳平均踩踏板。

只要大腦記住了，身體就會無意識地自然行動，大家應該都有過這類的經驗。

換句話說，人們不再總是透過手動模式來操控自己的身體，而是已經印記於大腦和身體的行為能透過自動操控模式，不斷重複進行。

關於這個現象，在美國也已經獲得科學驗證。

雖然說我們可以從手動操控模式轉換為自動操控模式來行動，但是在這個切換點尚未出現前，如果意志力被消耗殆盡，就無法養成習慣了。

此外，根據美國媒體所進行的調查，有立下新年計畫的人當中，其實有百分之七十五的人才執行一週的計畫就放棄了。

現實就是如此殘酷，無法心想事成乃是常事。

步驟 5

在養成習慣前採取獎賞策略

那麼，我們該如何突破有意識「付諸行動」等級升格為無意識「付諸行動」等級的那道牆呢？

可以學英文蛋糕店的Sumiko小姐告訴了我們這個答案。

當我們獎賞做過的行為，大腦就會記住這件事，就算做起來有點辛苦，還是會有想再嘗試的意願。重複這樣的流程，就算不借助意志力，也會自然而然付諸行動。

Sumiko小姐用冰壺遊戲來比喻，對實樹說明。

如果沒有施力，冰壺遊戲的石頭是一動也不動。

可是，只要一開始的時候推一下石頭，接下來就可以順利在冰上滑動。

使用意志力的方法跟冰壺遊戲很相像。

大家就先記住，冰壺遊戲的「石頭」用法跟「意志力」用法一樣。

總之，人在一開始時，能借助些許意志力將不可為之事變成可為的話，後來只要一再重複相同的行為，最後也能夠不須借助意志力，身體就會自然付諸行動。

突然想到一件事，在日本知名的冰壺選手們在用盡全力比賽後，會獎賞自己大啖糕點。各位在可以無意識重複做想成為習慣的行為之前，不妨想想如何獎賞自己。

步驟 6

公開宣誓、預約想做的事

聽到這裡，各位是否也開始有「我也辦得到」的想法呢？

有嗎？有誰要發言嗎？

亞梨紗說自己本來就是意志薄弱的人，就算聽了這麼多的故事，還是沒有自信能夠持之以恆，應該還是沒辦法吧？

既然亞梨紗這麼說，為了讓意志力如此薄弱的亞梨紗創造出成果，我要告訴你們另一個值得珍藏的行為持續祕訣。

請大家回想一下宣誓男與預約女的故事。

各位聽過「commitment（承諾）」這個名詞吧？

自從西元兩千年左右，在日本就常聽過這個外來語，意思是「承諾」、「誓約」。心理學界證實，**對身邊人許下承諾的話，也就是向身邊人宣誓自我目標，可以提高達成率**。這個現象稱為「承諾效應」。

因此，宣誓男才會對十位身邊人宣誓自己想達成的夢想。

如果在以前的時代，要找到十個人宣誓夢想不是件容易的事，現在社群網路發達，很簡單就能辦到。

- 每天背十個英文單字！
- 每天持續做仰臥起坐五十下！
- 每天看一本書！

也可以像這樣在Twitter或Facebook宣誓。

這個故事還有後續。

宣誓的行為除了有承諾效應，還具備心理學名詞的「一貫法則」特性。**人一旦宣誓，就會啟動想把決定要做的事貫徹始終，並堅持到底，永不放棄的心理作用**。

這樣的話，也可以自己事先預約想做的事。所以預約女才會使用這個方法，並且徹底實踐。

當你決定好想做的事，希望先記錄在行程記事簿裡，等於跟自己預約了。事先預約好自己的行動，就很難拿其他約定為藉口而取消約定，同時持之以恆的機率也會提高。

三津留老師再次解析了三個故事的奧義後，伸手拿起盤子裡的馬卡龍，津津有味品嚐著。

步驟 7

以固定節奏重複相同行為

老師吃著馬卡龍，攝取的糖分似乎加速大腦的運轉，整個人又有精神了，開始講述在實樹見到國王之前所遇見的最後三個人的故事。

實樹遇見的第七位男子就是突然睡覺男。

大家會覺得突然睡覺男和之前出現的伏地挺身男有所相似，這也是理所當然的事。

你們知道那位伏地挺身男與突然睡覺男的共同點是什麼嗎？

沒錯，伏地挺身男和突然睡覺男都有各自決定好要付諸行動的動機，前者是「與美女擦肩而過時」，後者是「每天晚上九點」。

那麼，各位覺得兩者的差異是什麼？

伏地挺身男的動機「與美女擦身而過時」不具規律性，睡覺男的動機「每天晚上九點睡覺」是規律性的原則。

一旦擬定規律性動機，會是什麼情況呢？

這麼做的話，就容易習慣化。習慣化就是「固定的行為」。

一旦決定在同一時間做相同的事，只要一心一意不停重複執行，我們的身體就能打造出生活節奏，也就容易習慣化。

你們認識哲學家康德（Immanuel Kant）嗎？

康德某個特質跟突然睡覺男很像。他每天下午三點半一到，一定外出散步。因為他出門散步的時間太準時了，當時就流傳這樣的故事，人們只要看到康德的身影，就會主動對時。

那麼，大家還記得我說的「無意識」的內容嗎？

人開始做某件事時，最初是有意識打造「付諸行動」的狀態，後來不斷重複做了以後，最後就會變成無意識「付諸行動」的狀態。

當時**以固定節奏一再重複相同行為時，大腦就會印記上「重複程式」（Repeat Program），即使沒有透過意志力督促自己努力，也會自然而然持續執行該行動。**

大家想想看就知道，人類身體是一連串節奏的組成。

吸、呼、吸、呼，是呼吸的節奏。

咚咚咚，是心臟跳動的節奏。

噠、噠、噠，是走路的節奏。

持續在同一個時間點重複做相同的事，即使一開始是意識性的行動，後來也會演變為跟呼吸一樣自然的無意識付諸行動的狀態。想持之以恆的事情變得像呼吸一樣自然付諸行動時，表示你成功了。

這個故事還有另一個啟示。

其實突然睡覺男也說過了，他說早晨是重要的時間帶。在學校的話，朋友會找你諮詢協助；在公司的話，會突然有緊急事務要處理，白天時候會有許多意想不到的事情發生。所以，如果能設定早上比其他家人早起床的話，你的步調就不會被打亂，擬定計畫，打造自己的生活節奏。

當然到了晚上時也會有屬於自己的獨處時刻，可是一整天下來有許多事情都需要使用到你的意志力，這時候通常都累到無暇再擬定任何的計畫，早就累趴睡著了，大家應該常有這樣的經驗吧？一旦每天都處於無法安排計畫的狀態，最後你一定會覺得自己無能而討厭自己。

可是，早晨時光的話，已消耗的意志力會因為前一天的充足睡眠而恢復，就算是處理有點難度的事情，也能順利執行。而且，不會有任何人來打擾你，**如果能善用意志力最充實的早晨時間，你一定能完全掌握自己的人生。**

回到原先的主題，雖然你想安排好一天的行程節奏，但如果一整天排滿行程，沒多久你就會覺得厭煩而放棄，記住千萬不要排得太緊湊。

這個問題可以跟週二淑女好好學習。

一天有二十四個小時，一週有七天，人生原本就是依據一定的節奏進行著。

如果不想以一天為單位安排行動計畫，可以調整時間單位，就以一週為單位來安排計畫也行。

週二淑女就如其綽號，每逢週二打掃。

同樣地，如果是學習學校的課業，不妨把科目分成每天必讀的科目與星期幾要讀的科目。

運動也可以這麼做，擬定肌力訓練日和跑步日。

祕訣就是要趕緊掌握自己身體的節奏性，於大腦輸入運作程式，就可以依固定週期重複做相同的事。

步驟 8

記錄做過的事

最後，讓我們一起來思考零虛構作家戀愛男教導我們的事。

從他的稱號或性格來看，也許會認為他是個輕佻之人，然而，這位戀愛男也告訴我們重要的道理。

這個道理就是記錄行動的點點滴滴。

說到這裡，我有問題想問雅人。

為什麼許多人減肥失敗，你認為原因是什麼？

沒錯！因為大家全是靠意志力在努力減肥。

一直使用意志力，意志力會像汽油那樣不斷消耗，最後油箱會見底，再也無法有任何行動。

到目前為止說過的話，你都有記住，我非常開心。

不過，這個故事還蘊藏著另一個重點。

那就是，如果每次的行動成效低的話，也會無法持之以恆。

換言之，如果對於自己安排的計畫沒有得到達成的感覺，就無法獲得激勵，不會有再繼續的想法。

比方說，如果你不是已經習慣減重行為的格鬥家或拳擊手，就算你為了減肥運動一整天，肉眼也看不出自己的體重是否有下降。讀書也是一樣的道理。就算你認真努力看了一整天的書，翌日的考試也不一定可以讓分數突飛猛進。

如此一來，你就會對自己做過的事產生「這樣真的有成效嗎？」的疑惑，然後就會失去自信。

不過，倘若想早日可以無意識重複行為的話，你應該從不須借助意志力，就能獲得成效的真正小事開始做起，成功機率一定能提升，這個故事也教了我們這個道理。

這時候，你們是否覺得有所矛盾呢？

做大事的話，成效感當然大；只做小事情，成效感就小。

可是，必須動用到高度意志力的大行動是無法長久的。

那麼，該怎麼辦才好呢？

只要像戀愛男那樣，**為了清楚自己做了哪些事，把所有做過的行為記錄下來即可**。

只要最簡單的記錄就行。

就如終日打電玩的男子那個故事說明的那樣，可以利用手機APP軟體來記錄做過的事，也可以像寫日記那樣，記錄發生的事實。任何一個方法都行，重點就是要**把累積做過的事予以可視化，留下記錄**。

假設現在各位想打造各自的夢想山。

於是在砂石場挖沙進桶子裡，再提著桶子來到想造山的地點，撒下桶子裡的沙子。就這樣你不斷地往來砂石場與目的地之間，不停撒下沙子後，山也越堆越高。

在你無意識搬運沙桶時，你不會察覺自己到底搬了多少桶沙子，突然看著眼前的山時，才驚訝已經堆出一座高山。這時候不想因為一次怠慢而毀掉以前累積成果的想法就會油然而生。

連續創新紀錄的運動選手也不想記錄被中斷，同樣地，**透過可視化形式記錄保留過往行為的點點滴滴，自然就會有不想以前做過的事或努力化為泡影的想法。**

以上是針對實樹所遇見的九位人士所傳達的哲理的解說。

因為這間餐廳四周綠意盎然，我們要不要到露台區看看，欣賞一下美景？

三津留老師邀請大家到外面看看。

步驟9 為了圓夢所以不努力

大家來到綠意盎然餐廳的露台區，吸入新鮮的空氣，覺得有著不同以往的全新世界的空氣進入自己的體內，感覺很舒暢。

不要老是窩在自己所居住的世界裡，把自己搞得悶不過氣，偶爾走到外面，呼吸外面的空氣也是很重要的。

大家再緩緩從露台走回室內，就座完畢後，三津留老師開始做總結。

在本書卷頭老師就說過，大家第一次聽到這個故事時，一定跟實樹一樣，認為不努力王國的人全是怪胎。

但是**千萬不要忘了，從其他世界的人的立場來看，或許他會認為你自以為是的常理是不合理的。**

一直以來我們都深信，想要有成果，一定要憑著意志力來努力才行。

可是，現實又是什麼情況呢？

是否只有極少部分的人才能圓夢，許多人都認為自己意志力薄弱根本辦不到，最後就放棄了？

相對地，在我們眼裡覺得制定一些奇怪原則的不努力王國的人，卻每個人憑著各自的原則與方法創造出成果，日子過得輕鬆快活呢！

自我們懂事以來，就常聽到別人對我們說：「你要加油！」、「你要努力！」說起來，我們就像是住在努力王國的人。如果一直生活在相同的世界裡，總有一天會深信不疑我們所居住的國度的規矩都是正確的。

其實，我的學生們在聽過這個故事，學習到圓夢方法，並且做出成果的時候，身邊人還是一直對他說：「那是因為你的意志力夠強，一般人是辦不到的。」

然而，這些身邊人其實並不知道當事人的意志力是否真的夠強大，他們只是看了結果而這麼說的。

所以，我們的頭腦要更靈活，思想必須更柔軟。

當你很努力了，但是事情卻不順利，還想要看看有沒有其他法子能突破困境時，如果你聽到了這個故事，我希望你能嘗試不努力王國的人用過的方法，故事裡的任何一個方法都行。

步驟 10

找出自己擅長的事，避免消耗意志力

最後，不努力王國的國王告訴我們一件重要的事。

他的國民賣命且努力地做著不擅長的事情，耗盡所有意志力，卻換不到成功的果實。因此，他決定獎勵國民們去做自己擅長的事。

當你打算處理會讓你感到極大痛苦的不擅長事務，一定會消磨許多意志力。即使身邊人一直對你加油打氣，在旁邊對你喊「加油」，還是會因為意志力無法延續，中途挫敗。當你一再經歷這樣的挫敗，許多人會因此失去信心。

所以，不妨嘗試找出自己最擅長的事。**做擅長的事痛苦比較少，因此消耗的意志力也會較少，就可以持續做**。只要能夠持續做，就可以慢慢展現成果，最後讓你擁有極大的自信。

再仔細想想，這麼做的話或許能讓自己擁有幸福。

當你決定處理不擅長的事情。因為你必須忍耐，就會消耗意志力。於是，無法持續下去，便不會有成果出現。也不會有成就感。因為這樣，不論是學業或工作，都無法讓你在愉悅的情況下進行。

相反地，如果你決定做擅長的事。**因為你不須要忍耐，就不會消耗意志力**。於是，你就能持續做，就會有成果。也會很有成就感。這樣不是會覺得很開心嗎？

人生只有一次！

那個，每個人都希望變幸福。

所以呢，大家也不要因為「我的意志薄弱，一定辦不到」而懷疑自己，想不想到不努力也能有成果的世界觀摩看看呢？

相信自己，勇跨國境！

以邊界為區隔，這裡是努力王國。

另一邊就是不努力王國。

在另一邊的國度裡，有著深諳圓夢方程式，就算不努力，只要做著喜歡的事情，也能一步步完成目標的人。

在那裡，大家都體會過成果呈現的喜悅，每個人的臉龐都洋溢著幸福氛圍。

在這裡，有人因為意志薄弱，認為就算努力也不會有結果，於是就放棄，無力改變現況。

這個國家的人因為不曾體會過成果呈現的喜悅，每個人都是表情暗淡。

現在，就是現在，正是捨棄「不努力不會有成果」根深蒂固觀念，勇敢跨越國境的時刻。

大家向三津留老師致謝後，每個人都宣誓了一直以來都想實現的目標，還相約三個月後再見面，聊每個人的進度。

「那麼，三個月後再見了，真的很期待。只要記住故事所要傳授的哲理，我們一定行的。」

大家異口同聲地這麼說，紛紛走出餐廳。

三個月後　變化

三個月後，大家又在老地方集合。

三津留老師、亞梨紗、日佳瑠先抵達，入座不久後，比約定時間晚幾分鐘的雅人也到了。

結果發現朝大家走近的雅人外表有了明顯的改變。

原本膚色黝黑，有著結實胸肌的雅人，現在他的體型跟白色T恤很速配。

遠觀就能明顯看出雅人的改變，等他就座後，發現下巴贅肉消失，臉型輪廓變立體緊實，全身散發出潔淨挺拔的氣息。

亞梨紗說：「雅人，你整個人瘦一圈了。就算從很遠的地方看你，也很明顯看出你的改變。」

「我聽了老師那個有趣的故事後，並非全然贊同，心裡還是會有怎麼可能會那樣的想法出現。不過，就如老師所言，就從芝麻小事開始做起。首先是做十下的仰臥起坐，我本來就是體育社的人，體力應該還不錯，不過還是沒有一開始就逞強，依舊從不可能會想到的次數開始慢慢做。」

雅人笑著說，開始聊他這一段時間計畫的執行狀況。

「總之，我會留意不要做些會讓自己覺得痛苦的事。一旦動用意志力，就無法持續。我把這個擬定為原則，**一再重複做簡單的事**。」

日佳瑠問他：「你是從什麼時候開始覺得自己有所改變呢？」

「大概是執行了三星期左右的時候。我覺得去健身房很麻煩，就規定自己每天起床時，到了六點就做仰臥起坐。**我一直持續這麼做，然後我的身體真的就像自動遙控器般，時間到了就無意識開始運動**。當我能無意識運動以後，沒有運動的話反而會覺得不舒服。後來，覺得做十下不夠，就在不會讓自己感到痛苦的前提條件下，慢慢增加次數，現在已經能做兩百下了。

我已經透過運動掌握到訣竅，接下來開始挑戰節制飲食計畫。也成功在毫無痛苦的情況下，慢慢減去多餘的熱量。

結果一個月瘦了大約五公斤，三個月瘦了十五公斤。我終於能夠毫無勉強，輕輕鬆鬆地健康減肥成功。太棒了，我現在身體變得很輕盈，完全不想再回到三個月前的自己。日佳瑠，你的成果如何呢？」

日佳瑠笑了笑，接著說。

「我的成果也不輸你。我又開始學英文了。就算我平日多麼忙碌，還是想可以繼續學英文，就決定從每天起床後背十個單字開始。如Sumiko小姐所言，如果我**持續一週每天起床後背十個單字，就用美味蛋糕犒賞自己**。還有，我每天會把做過的事記錄在日曆上，每天看著記錄在更新，真的會讓人停不下來，自然而然就能持之以恆。那麼，亞梨紗，你的成果如何？」

亞梨紗看起來好像要說，你們認為我辦不到吧？以有點不悅的表情回答。

「我也挑戰了這個方法！跟大家分手後，我馬上輸入記帳軟體，像老師說的那樣，一開始抱著玩電玩的心情享受節約計畫，真的會讓人上癮呢！以前那個超愛逛街大採購的我，現在完全沉迷在儲蓄計畫中。說真的，連我自己都不相信能有如此大的改變。」

三津留老師聽完每個人的成果報告後，對大家說。

「看來大家都開始看到成效了，讓我覺得告訴你們這個故事很有意義。就如同大家現在所真正體會到的情況一樣，**只要捨棄固有觀念，改變些微行動，你的人生就能擁有巨大改變**。

現在仔細想想，你們已經不再是努力王國的人民了，很像是不努力王國的國民。各位都有了不須努力也能創造成果的經驗，一定要將你們的心得與那些一直堅持努力，卻闖不出任何名堂的身邊人分享，如果你們能這麼做，我會非常開心。」

在原宿的綠地中，洋溢著學習到不須努力也能創造成果之祕訣的一群好友們幸福開朗的笑聲。

也能創造成果的十項法則

一、意志力是有極限的。
必須在不消耗意志力的前提下，
將重複做的事規則化。

二、當你覺得無趣時，會為了忍耐而消耗意志力。
覺得無趣的事務應該予以遊戲化。

三、想一次處理多事，只會消耗意志力而已。
須做的事應該予以簡單化。

四、一開始有意識付諸行動做的事，
經過重複做的過程，最後會無意識付諸行動去做。
應該透過重複行為，把自己自動化。

五、感受不到成效就不會持續做，
應該把對自己的獎勵可視化。

就算不努力

努力王國

六、透過對人宣誓的行為，會產生達成目標的力量。
應該把決定要做的事予以約定化。

七、人體原本就具備無意識的節奏感。
在相同時間重複相同行為，可以規律化。

八、擬定行為動機，就容易開始。
為了透過條件反射開始擬定好的行動，應該要予以動機化。

九、人類不希望銷毀過去累積的成果，
應該記錄每天做過的事。

十、處理不擅長的事，痛苦會升級，削減意志力。
應該找出擅長的事，輕鬆處理。

後記

謝謝您耐心地看到最後。

各位認為故事主角實樹是幾歲呢？

他是男生？還是女生？因為我希望每個人都能把自己投射於故事主角，所以就取名為實樹。

這次聊到要「把商管類書籍故事化」的時候，我腦海裡浮現的第一位讀者是我熱愛打排球的二十歲姪女，以及熱衷棒球的十八歲姪子。他們兩位都是人見人愛，個性溫柔體貼的人，不過，我從未有過一次（就只有一次也沒有）看到他們閱讀我的著作！利用親身得到的知識，以及身邊人直接傳授的智慧，當然就能夠讓他們活得頂天立地。可是，現在全球不論各行各業都面臨了過度期。再過不久，以前通用的方法一定會有越來越多是不再管用了。這時候，我想到可以把某人搶先發現的智慧快速且簡易地記在腦子裡的工具就是商管類書籍！既然要寫書，我希望能寫出一本有趣的讀物作品，讓平常就熱衷閱讀的人，以及平常沒有閱讀習慣的人都能看得津津有味！

閱讀到這裡的您，您的身邊可能也有從不碰商管類書籍的親戚或後輩。如果可以的話，願不願意推薦本書給他們呢？絕對不會讓您有所損失。

其實，合著的川下和彥先生就是「不用努力」也創造優異成果的最佳範例之一。他就是不努力王國的活生生見證人。

六年前跟勝間和代小姐辦的女子會現場，第一次跟川下先生見面。川下先生是男性，而且現場只有他一位男性，但不知為什麼，竟能與現場氣氛完全融合，跟大家打成一片喝著啤酒，當時我以為他不過就是一般的代理店職員，一位不出色的中年胖男（太失禮了！）罷了！幾年後再跟他見面，整個人跟以前我印象中的截然不同，瘦了一大圈，服裝和髮型變得很時髦，還創立新事業，在公司或業界都是一位大紅人，我真的大吃一驚，嚇到啞口無言。我問他改變的祕訣，他說：「我只是不再努力而已。」讓我再次驚訝。

川下先生說的一點都沒錯，請大家回顧一下過去的人生。在過去，曾經有過一次因為努力過頭而成功的經驗嗎？這也是川下先生問我的話，有份研究資料表示，大家在新年時候擬定的「新年抱負」中有百分之九十二到了年底依舊無法達成目標。已經有證據證明，光憑努力是無法成事的。不過，一直以來我們都被教導要努力，所以根本不知道其他（也沒有意願看書的話）可以不努力就成功的方法。

如果您能從這本書找到屬於您的不努力的成功祕訣，就算只有一個也好，我都會覺得無比榮幸。

我想把本書送給努力過卻得不到回報的所有人。

たむらようこ
於東京恵比壽

川下和彥（Kazuhiko Kawashita）

創意總監、習慣化傳授家。

2000年完成慶應義塾大學研究所碩士課程後，進入大型綜合廣告公司工作。

帶過行銷、公關、廣告製作等部門，習得多元化的創意業務經驗。2017年春天起創立新事業，並在以幫助別人成長為目的的創業工作室兼職。工作範圍不是只侷限於廣告創意方面，也觸及新興產業。

從小就憑著一股幹勁，一個人挑戰了各種事物，然而卻是挫折連連。可是，自從研發出獨家的習慣化方法後，不僅成功存到錢，還減肥成功，大幅改善了體態。這個方法適用於各種事物，即使是工作或事業方面，也因這個方法而持續快速成長。透過工作而體悟到一項使命，那就是「Make the world a happier place」（創造一個更幸福的世界）。跟各個領域的意見領袖也有密切的來往，建立了廣泛的人際網絡合作關係，持續接受挑戰，朝著實現夢想的目標前進。

除了在東洋經濟online發表連載文章，也有出版作品，著作有《菜鳥職力鍛鍊所》、《懂訣竅的爸爸、不懂訣竅的爸爸》（以上皆是Discober 21出版）、《開始記帳後，竟然變瘦了！》（朝出版）等。

たむらようこ（Yohko Tamura）

電視節目編劇。Baby＊Planet社長。福岡市人。早稻田大學畢業後，因為搞錯錄取的公司，誤打電話，而進入電視節目製作公司任職。累積了AD的工作經驗，進而成為電視節目編。2001年，成立員工清一色是女性，並且可以攜兒上班的電視節目編劇辦公室「Baby＊Planet」。

因為與數年未見面的本書合著作者川下先生重逢，驚訝於川下先生這些年的改變，而有了合作撰寫本書的想法，想告訴大家養成習慣的重要性，以寫故事的形式完成本書內容。基於不管是成人讀者或兒童讀者，都想跟他們分享這個「輕鬆創造成果的秘訣」的念頭，而有了本書的誕生。

到目前為止負責編劇的節目有《海螺小姐》、《Saturday☆SMAP》、《鬧鐘電視》（富士電視台）、《上班族的午餐》、《丸少爺》（NHK）、《世界Baribari★Value》、《日本太太好吃驚！》、《學會前與學會後》（TBS）等多部作品。同時也是超熱門人物「慎吾媽媽」的催生者。

國家圖書館出版品預行編目資料

不努力王國的成功法 / 川下和彥，たむらようこ作；黃瓊仙翻譯. -- 臺北市：三采文化，2020.07
面；　公分. -- (MindMap；209)
ISBN 978-957-658-378-0(平裝)

1. 成功法 2. 通俗作品

177.2　　109008102

suncolor 三采文化集團

MindMap 209

不努力王國的成功法

作者｜川下和彥、たむらようこ　譯者｜黃瓊仙
版權選書｜張惠鈞　主編｜鄭雅芳
美術主編｜藍秀婷　封面設計｜高郁雯　內頁排版｜郭麗瑜

發行人｜張輝明　總編輯｜曾雅青　發行所｜三采文化股份有限公司
地址｜台北市內湖區瑞光路 513 巷 33 號 8 樓
傳訊｜TEL:8797-1234　FAX:8797-1688　網址｜www.suncolor.com.tw
郵政劃撥｜帳號：14319060　戶名：三采文化股份有限公司
本版發行｜2020 年 7 月 17 日　定價｜NT$320